优秀传统文化的教育视角研读

艾 萍 著

全国百佳图书出版单位|吉林出版集团股份有限公司

图书在版编目（CIP）数据

优秀传统文化的教育视角研读 / 艾萍著. -- 长春 ：吉林出版集团股份有限公司，2020. 8

ISBN 978-7-5581-9057-5

Ⅰ.①优… Ⅱ.①艾… Ⅲ.①中华文化-教学研究-高等学校 Ⅳ.①K203

中国版本图书馆 CIP 数据核字（2020）第 160754 号

YOUXIU CHUANTONG WENHUA DE JIAOYU SHIJIAO YANDU

优秀传统文化的教育视角研读

著：艾　萍
责任编辑：尹春月　朱　玲
封面设计：冯冯翼
开　　本：720mm×1000mm　1/16
字　　数：190 千字
印　　张：10
版　　次：2020 年 8 月第 1 版
印　　次：2022 年10月第 2 次印刷

出　　版：吉林出版集团股份有限公司
发　　行：吉林出版集团外语教育有限公司
地　　址：长春市福祉大路 5788 号龙腾国际大厦 B 座 7 层
电　　话：总编办：0431-81629929
印　　刷：廊坊市印艺阁数字科技有限公司

ISBN 978-7-5581-9057-5　　定　　价：48.00 元

前言

中华民族有着悠久的历史，与这漫长的发展历史相伴而行的正是丰富多彩又博大精深的传统文化。中国传统文化涵盖了诸多方面的内容，其中既包括物质文化与行为文化，也囊括了精神文化与制度文化。详细而言，中国传统文化的内核主要体现为五点——讲求国家利益的爱国主义精神，自强不息的拼搏精神，求真务实的诚信品格，天人合一的生存之道，厚德载物的道德修养。可以说，优秀的传统文化就是中华民族冲破障碍不断前行的精神法宝，尤其是在全球化背景下，优秀传统文化的传承与创新更是应对多元文化碰撞的有力武器，也是在多元文化交流中占据主动地位的基础与前提。

传统文化本身就具有一定的教育特征，在新时期，优秀的传统文化充分展现出了自身无可替代的教育价值。一方面，传统文化中有关高尚道德的追求应用于教育领域能够重振人的道德理想，推动“立德树人”这一教育根本任务的实现；另一方面，传统文化强调的“以文化人”“文质彬彬，然后君子”，对提高人的人文素养、实现人的全面发展大有裨益。另外，优秀的传统文化作为中华民族的“根”与“魂”，将其与教育大业结合，培养出来的人才必定具有极强的文化自信，这也是提高民族凝聚力的必然要求。

综观当前的优秀传统文化教育，虽然已经取得了一定成绩，但仍然存在某些困境，如学生对优秀传统文化的现代价值认识不清、学校课程设置中鲜少涉及传统文化、教师的传统文化素养普遍不高等，这些问题在一定程度上阻碍了优秀传统文化教育效果的取得，也使得优秀传统文化的教育作用始终无法充分发挥。

基于优秀传统文化的教育价值及其教育现状，《优秀传统文化的教育视角研读》得以成书。本书介绍了中国传统文化的基本内容，包括历史演进、内在结构、基本精神、现代价值等；关注优秀传统文化中的地域文化，如荆楚文化、河洛文化，对其教育价值、教育现状及发展加以解读；分析了传统武术文化的当代发展境遇，在探讨教育价值的基础上阐释了其学校教育现状以及与现代体育的融合发展；将优秀传统文化与教育改革密切结合起来，借助前者中蕴含的道德与审美元素，对现代德育建设与美育建设进行了研究，同时介绍了家庭、学校、社会三大优秀传统文化的教育路径；从当代影视作品创作、现代艺术设计、产业化三个视角对新时代优秀传统文化的创新发展做出探索。

本书主要表现出以下两个特点：

一是内容全面。传统文化教育是一个相当复杂的课题，故如上所述，本书将对传统文化基础层面知识的介绍与深层次内容的教育视角解读相结合，几近全面的内容阐述十分有利于读者深刻了解传统文化教育的相关内容。

二是颇具现实指导意义。本书关于优秀传统文化教育策略与路径的分析，能够切实为当前传统文化教育工作的开展提供一些思路。

本书在撰写过程中得到了众多学者的支持和鼓励，同时参考和借鉴了有关专家、教研人员的研究成果，在此对其表示诚挚的感谢！由于时间紧促，加之作者对文化教育教学相关问题的研究深度有限，书中难免存在疏漏与不足之处，诚望广大读者批评指正。

目录

第一章　中国传统文化概述

中国传统文化是从中国历史上延续下来的民族文化，是中华文明几千年来不断演化变迁而汇集成的一种反映民族特质和风貌的民族文化，是中国历史上各种思想文化精髓的体现。

第一节　中国传统文化的历史演进

一、中国传统文化的萌芽期

从上古至先秦，是中国传统文化的萌芽时期。正如古希腊文化是西方文化的渊源一样，先秦文化是中国文化的源头。在这一漫长的时期里，中国传统文化的各种核心学说和文化精神开始确立，并对后世产生了极其深远的影响。

（一）原始的精神文化

中国文化的源头，距今天已经很远了。将丰富的考古资料与丰富的神话传说相结合，就可以大致描绘出中国文化产生的基本概况。

中国先民创造的原始的精神文化，主要表现为绚丽多彩的原始艺术品和朴素的宗教崇拜。

考古发掘出的原始艺术品，最主要的有陶塑、陶绘和木雕、骨雕等。最早的陶塑艺术品——陶塑猪头，发现于距今七千年的河南密县沟北岗、新郑裴李岗遗址。在河姆渡也出土了陶猪，半坡村还出土了陶塑人头。陶绘作品的内容是人类文化进步的重要标尺。陶绘作品的图案主要有半坡村的鱼形纹，庙底沟的圆点勾叶纹，大汶口的三角形、方形、菱形纹等。原始雕刻艺术以平面线刻居多。河姆渡出土了双鸟纹骨匕，大汶口出土了象牙筒。江苏连云港锦屏山还发现了石岩画，内容有人像、农作物、鸟兽、太阳、月亮等。

中国先民们的原始宗教崇拜，概括起来可分为三类：自然崇拜、生殖—祖先崇拜和图腾崇拜。最初的宗教表现为反映自然现象、季节更换等的庆祝活动。中国先民最先感到的是自然的存在极其巨大威力。自然力、自然物是最古老的崇拜对象。太阳和土地是新石器时代的中国先民虔诚供奉的神祇。仰韶、屈家岭、连云港锦屏山等文化遗址中，都可以看出对太阳的崇拜。中国先民在对自身繁衍的认识上，直观地认为女性是生育的决定力量，因而虔诚地崇拜女阴。辽宁红山文化等遗址发掘出来的女神像，形态优美逼真。与此相联系，中华先民还盛行祖先崇拜。图腾崇拜是较高级的宗教形式。新石器时代的中国先民相信自己氏族与某种动植物之间存在特殊的联系，并把它作为氏族崇拜的对象和标志——“图腾”。河姆渡遗址里有鸟图案，半坡遗址有人面鱼纹。在中华大地南北相距几千公里的遗址都发现龙的图腾，中华民族龙崇拜至少已有五千年的历史。

（二）“百家争鸣”与“和而不同”

春秋战国时期，政治激烈变革，“士”阶层崛起，私学繁荣，出现了诸子并起、“百家争鸣”的空前繁荣的文化气象。百家诸子以雄伟的气魄开创学派，写下中国文化史上无可再现的光辉篇章。

孔子创造的儒家，以“仁”为思想核心，以“礼”为行为规范，以“义”为价值准绳，以“知”为认知手段，成为时代的“显学”。儒家“大一统”“君臣父子”和“华夷之辨”的思想，成为我国传统文化的主要精神支柱。①

墨子创立的墨家与儒家一样处于显学地位。墨家具有严明的军事团体作风，以“天志”为规矩，借助“天志”的权威，提出尚贤、尚同、节用、兼爱、非攻等社会政治主张。墨家不思玄想，知识论以实证为特色。

道家以老子、庄子为代表。“道”是道家学说的核心。老、庄把“道”看作流贯宇宙、社会、人生的唯一规律。老子最先提出“天道无为”的思想，自然无为，便是“德”。道家的“无为”，给中华民族精神打上深刻的烙印，它体现了人们对规律初步的冷静与理性的认识，又贬斥了人的积极进取精神。道家追求个体价值与精神自由，在精神世界寻找自由，“超世”“顺世”与“游世”的超逸之风，给中华民族特别是士大夫阶层的文化心理以深刻影响。

法家对现实政治有独特的深刻理解。法家从“利害”关系出发，对社会现世进行冷静分析。法家信奉进化发展的历史观，体现了新兴地主阶级的蓬勃

---

① 李宽松，罗香萍．中国传统文化概论［M］．广州：中山大学出版社，2018：12.

朝气和进取开拓精神。法家法、术、势三要素统一的政治学说，对统治阶级维护社会的安定发展起了巨大作用。

阴阳学派代表人物是邹衍。阴阳家思想的核心，是阴阳五行的消长流变，认为这是万事万物运动发展的统一的终极原因和基本方式。阴阳学派将阴阳与五行相结合来论证社会人事。阴阳五行，按一定顺序循环演进，体现出严格的规律性。阴阳消长的结果，体现为五行相胜，循环运转。用这个观点来解释社会历史的发展和王朝更替，为改朝换代提供了理论依据。

"百家争鸣"所包含的另一重要文化内涵是"和而不同"。各家学派相互摄取，共同繁荣，体现出"和而不同"的文化包容品格和博大精神。孔子最先提出了"和而不同"的文化观。"君子和而不同"，在学术辩证中，吸取别人有益的思想，纠正其错误意见，绝不盲从。荀子认为，各家学派不可持门户之见，应多方面接受"不同"的文化信息。这种各家学派相互摄取，共同繁荣，体现出来的文化包容品格和博大精神，就是"和而不同"。①

"和而不同"的包容品格与博大精神，历代传承，成为中国文化的优良传统。

二、中国传统文化的定型期

公元前 3 世纪末，秦灭六国，建立起中国历史上第一个统一的封建专制主义中央集权国家。政治的统一和文化的统一相互作用，互为表里，中国传统文化顽强的再生机制开始形成。秦汉文化开创了一个新的制度文化样式，确定了传统文化的精神内核，为中国传统文化的品质和民族文化心态的形成奠定了基础。

（一）文化的统一

秦始皇统一天下，扫荡"田畴""车轨""律令""衣冠""言语"和"文字"之异，建立起统一的文化。

秦统一文化的一系列措施，促成了中华文化共同体的形成。这是中国文化史上具有划时代意义的大事。

中华文化共同体以"华夏"为核心，经过春秋战国时代与周边民族的相互交融，彼此借鉴，由秦的统一予以强化、定型而成。夏、商、周三代，周边"四夷"来朝。春秋战国时期，诸侯兼并战争连绵不断，民族迁移、分裂、聚合不断，华夏族与周边民族不断融合。华夏文化不断吸取周边文化的养分于自

① 苟琳．溯源 中国传统文化之旅［M］．上海：上海社会科学院出版社，2017：6.

己的体系之中，其中最典型的是赵武灵王“胡服骑射”。“胡服骑射”的深远文化意义在于，一个文化系统必须从外部吸取营养，才能永葆生机。正是这种开放的、运动的文化生成机制，让华夏文化发展壮大为博大精深的中华文化而千年不败，历久弥新。

（二）儒学独尊与经学兴起

1. 崇尚黄老到独尊儒术

在统治思想的选择上，汉统治者吸取了秦王朝由于“重刑”而短命的教训，经历了从崇尚黄老到独尊儒术的两个阶段。

汉初文化的主流，本质上是“黄老之学”。以道家“无为”学说为基础，吸收儒家学说而形成的新道家思想——“黄老之学”，在政治上强调“无为而治”。“黄老之学”是汉初统治者“与民休息”政策的理论基础，对汉初数十年“清静无为”的统治发挥了巨大的历史作用。

公元前 140 年，少年天子汉武帝刘彻登基。随着西汉力量的日益强大，一心想施展雄才大略的汉武帝不再“无为而治”。汉武帝采纳了董仲舒提出的“罢黜百家，独尊儒术”的主张。从此，儒学思想成为中国封建时代的统治思想。

2. 经学的兴衰

汉武帝以后，儒学取得独尊的显赫地位，成为汉文化的思潮主流，其表现形式，是儒学的经学化。

“经”原来是儒家典籍及各派著作的统称。汉武帝以后，“经”成为儒家典籍的特称。阐发儒家经书之学，就是经学。汉武帝专立儒学五经博士。士子做官，唯有经学一路可走，儒家经学因而大盛。

从汉武帝到西汉末年，今文经学被列为“官学”。王莽“新政”时，古文经学压倒今文经学。东汉建立，古文经学失宠，但势力不倒，名家辈出，著名的有马融、郑玄、许慎等：许慎的《说文解字》，是后世学者的必读经典。东汉王朝覆灭，在魏晋玄学的冲击之下，经学终于走向衰败。

三、中国传统文化的发展期

魏晋南北朝时期，中国社会苦痛，战乱不休，政治混乱，民族关系复杂动荡。这一时期，中国文化呈现出多元走向，思维空前活跃。中国文化在“不断解放自身”的文化生长轨道上迈进了一大步。

（一）玄学的兴起

东汉末年，北方游牧民族南下征战，中国历史上的四百年战乱由此开始。魏晋六朝是一个充满痛苦磨难的乱世，有时一个文化别开冬天的新时期。

魏晋时期，社会动乱，士子们建功立业的理想无法实现，纷纷皈依老庄，把玄虚之学作为自我解脱的重要途径。同时，这时期大规模发展起来的门阀世族庄园经济具有分散、自成一统的特性。世家大族所关心的是个体的生存与发展，此种思想趋向推动士子们热衷于注重个体人格独立的老庄学说。“玄学”应运而生，在魏晋时真正构筑起一种全新的哲学体系。

魏晋六朝人以玄的意趣品藻人物，“以玄对山水”，为中国文化艺术开拓出一片新世界。“天然去雕饰”的自然美开始成为民族性的审美崇尚，对中国古代美学发展产生了划时代的影响。第四，玄学铸造了中国士子玄、远、清、虚的生活情趣。“道”，这种最高的人格理想境界，成为魏晋人士追求的目标，他们的生活自然染上“悟道会神”的浓重玄味。

（二）胡汉文化的碰撞

魏晋南北朝是一个民族大融合的时期。匈奴、鲜卑、羌、氐等“胡”族进入内地，建立政权。草原游牧民族的“胡”文化，与中原农业的“汉”文化发生激烈持久的冲突，这一时期文化更趋多元化走向。

游牧民族在汉文化面前，感到了深深的自卑。汉人则有一种文化优越感。二者在文化心态上产生了激烈的冲突。对“胡”文化来说，必须适应新的农业文明的社会环境。胡人在政治经济上享有特权，不可避免地采取“扬胡”和“抑汉”的政策。但是，在强大的汉文化包围之下，“胡”文化不可抗拒地被汉化。“胡”文化的汉化有两个途径。一是胡人统治者采用汉族封建统治的组织形式并推广儒学，从而强力推动“胡”文化的质变。其中最著名的是北魏孝文帝迁都洛阳，并进行了一系列的封建化改革，从风俗礼制到语言服饰，大踏步地实现了社会体制的汉化与人们观念的汉化。二是迁入内地的胡人与汉人“杂居”，不仅“语习中夏”，而且潜移默化地受到汉文化意识的影响。同时，“胡”文化也给汉文化以强大的冲击，充满生机的北方游牧精神，给汉文化注入了新鲜空气。

四、中国传统文化的繁荣期

（一）兼容并蓄气势恢宏的隋唐文化

隋唐被誉为中国传统文化的“隆盛时代”。国家的统一，经济的繁荣，胡汉文化的融会，中外交通的发达，为隋唐文化提供了空前壮阔的历史舞台。中国传统文化进入了规模宏伟、充满活力的全盛时期。

1.“有容乃大”的文化气派

大唐帝国疆域辽阔，军事力量强大，行政机构完备，法制严明，经济强盛，国泰民安。传统的大一统文化组织在唐代大大完善。以旷世明君唐太宗为代表的唐统治者实行了开明的文化政策。

对中国文化的发展产生了极为深远影响的科举制在这一时期产生。科举制的问世，是中国文化史上的一件大事，它开创了人才教育和选拔的新纪元。由科举制推上中国文化舞台的庶族寒士，是世俗地主阶级的精英。其昂扬奋发的自我意识和社会意识，使唐文化具有一种明朗、高亢、奔放、热烈的气质。

强盛的国力，开明的政策，朝气蓬勃的文化主题，兼收并蓄，终于把中国传统文化推向高峰，形成隋唐文化“有容乃大”的文化气派。

中国文化在唐代对外来文化的吸收，不仅在中国文化史上可称卓越范例，而且在世界文化史上也是绝无仅有的。“有容乃大”，正是唐文化特有气派的真实写照。

2. 中国文化的辐射

走在世界前列的唐文化，以一种高势能文化的姿态，辐射东亚，泽被世界。

唐代中国，是向周边文化地区辐射的源地。东亚在地理上以中国为中心，文化上以中国文化为轴心，形成以汉字、儒教、中国式律令、科技和中国化佛教等为基本要素的，包括日本、朝鲜、越南在内的“中华文化圈”。

唐文化不仅影响和改变了东亚文化的面貌，而且还辐射到西方世界。唐文化对西方文明的影响，最重要的是科技方面。特别是造纸术，对西方文明的进程产生了不可估量的影响。中国炼丹术西传推动西方现代化学的产生和发展。唐帝国还以宏大的气魄开辟了由中国海洋经印度洋到非洲的“陶瓷之路”。瓷器成为中国人独具智慧的产品。文化的强劲对外辐射，显示出唐文化对世界文明的强大影响，在世界文化史上留下了光辉的一页。

（二）理学建构雅俗并进的两宋文化

公元750年的“安史之乱”，是中国历史的一个转折点，由此引起了中国文化的大转变，中国传统文化的土壤发生了重大的变化，庶族地主经济和小自耕农经济迅速发展，世俗地取代门阀地主，成为历史舞台的主角。中国文化开始由开放热烈的“唐型文化”转为相对封闭、雅俗并进的“宋型文化”。

从整个文化的发展历程看，“宋型文化”所形成的超强的民族凝聚力、士子文人求“雅”求“趣”的人生追求、儒学的“内圣”倾向、市井文化的市民心态等，对后世产生了极为深远的影响。

1. 儒学复兴与理学构建

中唐以后社会经济政治结构的变化，引发了诸学特别是沉寂已久的儒学的复兴。新乐府运动、古文运动和新经学运动交相推引，儒学复兴运动出现在中晚唐后的思想界。新乐府运动从诗歌理论上掀起了儒学复兴的大潮。赵匡、陆淳等发起的新经学运动，从学风上为新儒学的产生铺平了道路。韩愈、柳宗元所倡导的古文运动，使韩愈成为新儒学的发端者，在中国思想史上占有重要地位。

以社会经济结构的变更为土壤，儒学复兴为前导，“禅”的佛学思想为养料，在两宋时期，理学家们构建起新儒学理论体系——理学。理学是一种以儒学为主体，吸收改造了释、道哲学思想建立起来的中国封建社会后期最为精致、最为完备的哲学理论体系。

理学将中国文化重伦理道德的传统精神推向高峰，从而产生了极为复杂的文化效应。

2. 雅趣相求的文人天地和市井文化的勃兴

庶族地主经济和小自耕农经济迅速发展，文人地位相对提高，士大夫们的文人意识比前代更加自觉，求“雅”求“趣”的人生追求使宋代士大夫更具文人气质。

宋词和画集中地表现了中国文人气质。“雅”是宋词的主要特征，也是宋代文人的主要品格。在“雅”中，实质上蕴藏着一种“阴柔”的气质。柔美钟秀、香艳婉媚、细腻精致，共同构成了宋词的柔美世界。宋画属“文人画”，融诗书画为一体，品味极其高雅。

书院讲学是宋代文人生活的另一项重要内容。书院是一种新型的教育组织，发端于唐，在宋代形成。最为著名的书院有白鹿洞书院、石鼓书院、岳麓书院、嵩阳书院、应天府书院等。书院一经诞生，便成为宋明文人的重要生活内容。学术研究、情感交流、声气相求、精神自得，书院寄托了中国人追求道德及知识独立的理想情趣。

在鉴赏、装饰生活环境方面，宋人也有其独特的审美观。文房作为文人作息攻读的场所，自然成为文人美感浸染的首要场所。文房“四宝”笔、墨、纸、砚，在宋代越来越富装饰性和赏玩性。文房四宝在宋以后文人的手中，不仅是书画工具，而且是颇富情趣的工艺品。文人们还热衷于古物收藏。牧藏金石之风盛行于文人之中，庙堂重器被引入书斋，成为玩赏对象。古物玩赏，成为宋人文房清居的精髓。宋文人文玩倾向于自然朴素，不以刀斧雕琢为尚。文房器物小巧精致、意趣浓厚，以其淡雅情调，表现出文人士大夫的文化心态。

“安史之乱”以后，社会结构悄然发生变化，一个新兴的阶层——市民阶层崛起。在精致而森严的贵族世界以外，一种野俗而生动的市井文化勃然兴起。

两宋分别立都于开封和临安（杭州）。两京文人荟萃，商贾云集，都市生活生机盎然。张择端的《清明上河图》为我们再现了北宋开封的繁荣景象。南宋临安，是全国第一大城市，居民超过百万。临安的居民构成颇为复杂，工商居民达到百分之三十，比重之大，前所未有，其经济繁荣可见一斑。都市经济发展，使市民们的物质需求和精神需求更加旺盛。在此基础上，一种不同于贵族士人口味的市井文化应运而生。市井文化在宋代市民阶层的温床中迅速生长，并跻身于中国文化大系统中。

唐代流行的深受市民们欢迎的文艺形式“变文”，到宋代内容也从宗教题材转为世俗生活。傀儡戏、参军戏也在中唐以后的市井中流行开来。以“市人”为读者对象的“市人”小说在这一时期出现。在一些大城市中，出现了市民文化表现自我的固定游艺场所——“瓦舍”。瓦舍百戏荟萃，其演出圈子勾栏演出众多节目如杂剧、杂技、讲史、说书、皮影、傀儡、花鼓等。

（三）辽夏金元游牧文化与农耕文化的交融

继魏晋南北朝之后，北方游牧民族在两宋时期对中原农耕世界发动了新一轮的零为猛烈的冲击。北宋立国前后，辽、夏、金建立，形成北宋——辽——西夏、南宋——金——西夏的对峙格局。13 世纪，中国第一次统一于蒙古游牧民族。游牧文化与农耕文化再次冲突融会。

1. 游牧文化与农耕文化的冲突与融会

从唐末五代开始，北方游牧民族再次大规模南下。1004 年，辽宋订“澶渊之盟”。1044 年，西夏宋“和谈”，宋屈辱“苟安”。1127 年金灭北宋。其后，蒙古势不可挡，灭亡南宋，建立起统一的元帝国。北方游牧民族的轮番冲击，产生了一系列的文化效应。一方面，引发了宋文化系统极为深重的忧患意识。另一方面，北方游牧文化也将异族情调的文化因子输入宋文化系统。①

北方游牧民族入主中原，促进着深刻的文化交融。作为征服者的诸胡民族，同时步入了征服者被征服的轨道。辽国统治者全面吸收中原汉文化，沿汉文化轨道发展本民族文化，以儒家思想作为政治文化的主导思想。金国也建立起以汉文化为主干的文化结构。金统治者高度尊重儒家文化，以儒学为正宗道统，尊重汉文化制度。他们搜寻汉人典籍，汉文人大规模地流入金社会各阶层。汉人的科举制也在金国得到推行。

蒙古在历史上是北亚游牧民族之一，与中亚细亚的突厥诸民族有许多类似之处。忽必烈一改其祖成吉思汗不喜汉文化的态度，对汉文化产生了浓厚的兴趣。忽必烈思大有为于天下，身边聚集了大批儒士，他们进言忽必烈实行“汉法”，以长治久安。忽必烈在已有的汉法经略的实际前提下，改革旧制，推行汉制，儒家经典的各种细目，都作为国制继承下来。忽必烈的“汉法”最终导致元帝国的诞生。

2. 儒学的重振和杂剧的勃兴

随着少数民族的军事征服和“汉化”的完成，儒学又迅速复苏并发展起来。随着元朝的建立，大批士人效忠蒙古政权，儒学在他们中广为流行。理学具有适应非汉族统治下的士人精神需要的一面，又具有在非汉族统治下发展儒家政治文化、伦理文化功能的一面，因而，它在元代迅速发展壮大。元仁宗时，理学被定为“官学”，钦定朱学的“四书五经”为开科取士的标准。以朱学义理解经之作纷纷出现。一大批朱学人物如朱升、宋廉、刘基等涌现。程朱理学在元代的壮大，为这一哲学流派在明代进一步发展为具有政治意义的“官方哲学”奠定了基础。

元代，汉族政权被消灭，传统信念破碎，游牧文化勇猛进取的精神又席卷全国，整个社会思想文化失重。元代杂剧，正是这种时代文化心理的具体化。

元杂剧是一种在北方地方戏院本和宋金诸宫调相结合的基础上发展起来的戏剧形式。女真与蒙古统治者都爱歌舞戏曲，促进了北方都市中艺人的聚合。蒙古统治者从整体上轻视汉士的文化政策又促使大批人士创作杂剧，落魄文人与艺人相结合，形成高素养的创作队伍。“沉抑”的下层儒生，情绪排泄在元统治者相对放松的杂剧里，造就了关汉卿、马致远、宫大用、张小山等大批优秀杂剧巨匠。

特定的文化环境造就了元杂剧，元杂剧又反映出时代精神。元杂剧有两种主调——倾吐整体性郁闷忧愤和讴歌非正统的美好追求，《窦娥冤》《西厢记》

① 徐仲林．中国传统文化与教育［M］．重庆：西南师范大学出版社，2015：4.

等，正是这种时代精神的体现。元杂剧的繁盛，标志着中国戏剧艺术走向成熟。

（四）闭关锁国与中国古代文化的衰落

自1368年朱元璋建立明朝，到1840年鸦片战争前的清朝，是中国封建社会的末期。中国古代文化也发展到了它盛极而衰的最后阶段。

明清两代的文化，一方面是文化专制主义空前强化，文字狱盛行；另一方面，与资本主义萌芽相适应，又出现了多少具有市民反叛意识的早期启蒙思潮。明清之际三大思想家——黄宗羲、顾炎武、王夫之，以及颜元、戴震等人，从不同侧面与封建社会晚期的正宗文化——程朱理学展开论战，有的批判锋芒直指专制君主。

明代中后期以长篇小说《金瓶梅》、短篇小说集“三言”“两拍”为代表的市民文学的兴起，则是城市经济发展和资本主义生产方式开始萌芽这一社会现实的反映：生动活泼、富于民间生活情趣的市民文学，较之明代前期“文必秦汉，诗必盛唐”的文学复古运动，无疑是一个巨大的跃进。至于清代出现的《儒林外史》《红楼梦》等作品，则在更大的广度和深度上揭露了封建制度的弊端，将古典现实主义文学推向了高峰。

因此，我们有理由说，明清两代进入了中国传统文化的总结性时代。这种总结性主要体现在如下几个方面：

其一，在图书典籍方面，明清统治者调动巨大的人力物力，对几千年浩如烟海的典籍文物进行收集、钩沉、考证、考辨，编纂了大型类书《永乐大典》《古今图书集成》、大型字典《康熙字典》，大型丛书《四库全书》等。其中的《永乐大典》被公认为世界上最早、最大的一部百科全书；《康熙字典》是世界上最早的字数最多的字典；《四库全书》则是至今为止世界上页数最多的丛书。显然，大型图书的编纂，不仅是传统文化成熟的象征，其本身也包含着文化大总结的意蕴。

其二，在古典科技方面，明清之交出现了一批科学技术巨著。如李时珍的《本草纲目》，在药物学和植物分类方面达到了当时世界的先进水平；潘季驯的《河防一览》，作为一部治理黄河的专书，总结了我国历代治河经验；徐光启的《农政全书》，记载了我国自古以来的农学理论，总结了元、明两代劳动者的农业生产经验，还介绍了欧洲的农田水利技术，成为我国古代最完备的一部农学著作；宋应星的《天工开物》，记录了明末清初的生产新技术，是一部称誉海内外的工艺学百科全书。此外，《徐霞客游记》、方以智的自然科学专著《物理小识》等，都代表着中国古代封建社会晚期的最高科学文化成就。

其三，在学术文化方面，清代乾隆、嘉庆时期的学者对中国古代文献展开了空前规模的整理与考据。对于中国传统学术文化的绵延不辍以及向前推进来说，乾嘉学派无疑做出了不可抹灭的学术贡献。

但也就在这一时期，随着传统文化走向顶峰，其背后已隐藏着文化衰落的危机。这个危机的根源除了日益加剧的文化专制政策外，就文化自身的发展规律而论，更主要的还在于明清统治者的闭关锁国政策。

鸦片战争之前，中国在几千年的历史发展中，形成了以儒家文化为核心的古老而悠久的文明，它曾以自己宽容的气魄接纳并消融了周边民族文化乃至印度的佛教文化，从而形成了生生不息、千古不绝的文化长河。也正因为如此，中国的帝王和士大夫们不自觉地养成了一种历史文化的优越感。他们向来称周边少数民族为“东夷”“西戎”“南蛮”和“北狄”，视其为野蛮落后的民族。即便是航海东来的西方殖民者，也难免落个“西夷”的蔑称。正是在这样一种文化意识的背景之下，专制没落的清王朝把国门给关闭了。闭关自守与虚骄自大是一对孪生兄弟。在鸦片战争之前，上至皇帝，下至庶民，对世界的无知程度是令人吃惊的。明末传教士利玛窦曾以亲身经历对中国人尤其是士大夫的心态做过如下描述：“他们不知道地球的大小而又夜郎自大，所以中国人认为所有各国中只有中国值得称羡。就国家的伟大，政治制度和学术名气而论，他们不仅把所有别的民族都看成是野蛮人，而且看成是没有理性的动物。在他们看来，世上没有其他地方的国王、朝代或者文化是值得夸耀的。”①

正当明清统治者驱逐传教士，封关锁国，陶醉于唯我华夏独尊的优越感时，西方已在进行着引起世界面貌根本改观的工业革命。古老而庞大的农业古国——中国成为西方列强眼中最好的商品倾销地和原料生产地。于是，1840年爆发的鸦片战争终于使西方列强以其坚船利炮把中国推向了衰落与耻辱的时代。中国古代文化的发展也由此进入了一个衰落、蜕变与新生并存的历史阶段。

① 阚道隆．中国文化精要［M］．北京：中国青年出版社，1994：117.

第二节　中国传统文化的内在结构与基本精神

一、中国传统文化的内在结构

（一）儒释道为主的多元型文化

中国传统文化的内在结构，是指中国传统的思想文化是由哪些思想理论构成的。按照学术界、文化界的传统观念，认为中国文化就是以儒家思想为主体（或曰为代表）的文化。这一观念的形成，与儒家思想在中国封建社会占统治地位两千余年有关。儒家思想自西汉中期取得独尊地位以后，除个别时期外，一直被封建统治阶级确立为合法、合理的社会统治思想，并得到历代王朝的高度重视和广泛宣传，因此，也就取得了中国文化合法代表的资格。这一观念渗透于国内外各个阶层，经久不衰。但仔细分析就会发现，这一观念过分估计了儒学思想在中国文化中所占的地位和所起的重要作用。事实上，是儒家和道家、佛家思想共同构成了中国传统文化的主体。更具体地说，中国传统文化是以儒家文化与道家文化、佛教文化为主体的多元型结构。之所以说儒家文化、道家文化、佛教文化是中国传统文化的主体，是因为儒家文化、道家文化、佛教文化对中国的政治、伦理、价值观念、心理结构、生活习俗、思维方式、道德规范、人生理想、哲学、宗教、文学、艺术等都处于支配地位，起主导作用。

儒家提倡"仁礼安邦"，道家提倡"无为而治"，佛家提倡"万法皆空"的人生哲学，我们可以从中修炼正确的行为、良好的哲学、健康的心态。

但细究起来，三家文化还是有区别的，诸如儒学以教化为核心，道学以治理为核心，佛学以大爱为核心。

在文化主旨方面，儒家文化是一种传播进取的文化，道家文化是一种阐述规律的文化，佛家文化则是一种宣扬奉献的文化。

在做人标准方面，儒家文化提倡仁、义、礼、智、信；道家文化要人领悟道，修养德，求自然，守本分，淡名利；佛家文化则规劝人们诸恶莫做，众善奉行，遵守十戒，心灵安定，运用智慧。

在人生观方面，儒家文化倡导积极进取、建功立业；道家文化鼓吹顺其自然，自我完善；佛家文化则鼓励人们慈爱众生，无私奉献。

在世界观方面，儒家文化认为世界是展现才华的舞台；道家文化主张大自然是人类赖以生存的环境，追求人与自然和谐相处的天人合一的境界；佛家文化相信相由心生，世界就在自己心中，一念之差，便可创造地狱、极乐。

在价值观方面，儒家文化宣传在创造物质财富的过程中实现自我价值；道家文化鼓励以完善的自我带动和谐的社会；佛家文化提倡在为他人献爱心、为社会做贡献的过程中实现个人价值最大化。

在哲学倾向方面，儒家文化倾向于入世哲学；道家文化倾向于出世哲学；佛家文化则倾向于以出世的思想，做入世的事情。

在兼容学习，成就自己方面，儒家文化主张修、齐、治、平；道家文化则力主道法自然；佛家文化则启迪人们觉悟人生。

三家显学的相互关系：儒、道、佛学说为中国文化之国粹命脉，其根本核心是：倡导善良，尊重天体自然，传播改造世界，增进人类文明的理论，让人们在社会实践生活中，遵守规律，平等进取，使世间生活更和谐美好。儒、道、佛学说各成体系，博大精深；三家学说并不对立，好学者如能融会贯通，兼容并取，就更能在实际社会生活中，得舍有度，成全自己。

综上，中国传统文化是儒、释、道互补的多元结构。可以说，没有儒家、道家和佛家，就没有中国文化。

（二）兼容并包的开放型文化

中国传统文化是有强大生命力的文化。与中国文化同时产生的几大文明古国的文化，如“两河文化”“玛雅文化”等，大都在历史的长河中销声匿迹了，而中国文化的传统却能历久弥新，影响至今，其中的奥秘就在于中国文化是兼容并包的开放型文化。

这首先表现在中国文化具有极强的融合力。中国是一个多民族的统一的国家，在数千年文化发展的过程中，各族人民在共同的社会实践中相互学习，共同进步，使中国文化的内涵不断得到丰富和发展。中国人口中汉族占绝大多数，汉族文化是中国文化中的重要组成部分，但中国各少数民族的文化同样对传统文化的形成和发展做出了不可磨灭的杰出贡献。中国传统文化所达到的高度和所取得的成就是汉族和各少数民族文化之间相互融合、共同发展的结晶。

其次表现在中国文化具有极强的同化力。外来文化进入中国以后，大多逐步适应着中国的国情，逐渐“中国化”，融和为中国文化的有机组成部分。最具典型性的例子就是印度佛教这种外来文化的“中国化”过程。佛教自东汉传入中国本土以后，经魏晋南北朝的演变、发展，到隋唐时，逐渐走向鼎盛。在佛教的流传过程中，来自印度文化中的佛教思想与中国传统文化的精神成果相互融合、贯通，终于在唐代相继形成中国佛教的不同派别，其中，被称为“本地风光”的禅宗主张不立文字，教外别传，直指人心，见性成佛，自觉地与道家思想和儒家思想融为一体，尤其适合中国人的民族心理，所以到了唐代后期，几乎取代其他宗派，禅学成了佛学的同义词。

从佛教逐步走向中国化的过程看，数千年来中国传统文化一方面始终保持着自己的主导地位，不为外来文化的冲击所瓦解；另一方面，在吸收外来文化成果的基础上，又不断地充实发展着自身，成为一种既有浓郁的中国民族特色，又有博大深厚内涵的不断适应时代变化的文化。

二、中国传统文化的基本精神

精神是思维运动发展的内在动力。中国文化中某些思想观念，在历史上起了推动社会发展的作用，成为历史发展的内在思想源泉，遂成为文化的基本精神。文化的基本精神必须具有两个特点：一是具有广泛的影响，为大多数人民所接受领会，对于广大人民起了熏陶作用。二是具有进步、促进发展的积极作用。必须具有这两方面的表现，才可以称为文化的基本精神。

（一）天人合一

天人关系即人与自然的关系，这是一个重要的中国文化理论问题，它是中国一切文化领域中具有普遍性。中国文明的起源和发展与农耕有密切关系，在农耕实践中需要研究天与人的关系，在社会人事范围也要探讨“天时”“地利”与“人和”的关系。关于人与自然的关系，中国哲学的主流观点都比较强调人与自然的统一，这就是天人合一论。天人合一即肯定人与自然的统一，亦即认为人与自然界不是敌对的关系，而具有不可割裂的关系。天人合一的思想特征是传统文化的核心，它贯穿于哲学、伦理、社会学、科学、农业、政治、管理、医学、艺术、军事等各个领域，成为中华民族的思维特征和心理表现并由此不断形成新的历史文化形态，具有强固的凝聚力和融化能力，在中华民族一次次开拓生存与发展的历程中起到了根本作用。

天人合一的观念源远流长，在思想史上有一个发展演化的过程。这一思想最早出自《易经》，它在对待天与人的关系中，既承认天与人的联系，又承认天与人的不同，而以天与人相互协调为理想，天不违人，人不逆天，天人合一，尽量解决天与人的矛盾以达到人与自然的和谐。《易经》六十四卦就告诉我们，人类生存、发展于大自然中，万物相互依持，人也离不开自然万物的养育。人事的吉祥祸福是与自然息息相通、彼此共存的，人活动于自然万物之中，并非简单地与自然万物进行着对立、斗争，人与自然有着内在的、本质的联系与统一关系，甚至有着水乳交融、亲切和谐的关系。因此，《易经》被称为天人之学，中华民族一切学术理论思想都发源于此，成为传统文化思想的特征，《易经》因而被推崇为群经之首，天下第一经。

天人合一从词语上讲是宋儒张载提出的，在张载之前汉儒董仲舒讲过“天人感应”“天人之际，合而为一”。[①] 孟子虽没有提出天人合一观念，但他的“性天合一”的观点具有天人合一的深层意蕴，与宋明理学直接提出的天人合一思想有渊源关系，但不论前辈哲人，后辈学人，民族文化思想特征天人合一观是共同具有的，因为这是我们民族共同的思维、心理及行为方式。

天人合一的思想包含着丰富的意义：第一，天人合一的天实指宇宙、世界、自然，天人合一即人与自然的统一。以合一或统一的眼光看待天人关系即人与自然的关系，那么天人合一指统一的自然关系；天人合一，合一于自然；世界统一，统一于自然，世界就是自然。第二，天人合一的天人关系可以引申为人与人、人与社会、人与自然及社会与自然的统一关系。第三，它具体深刻地概括了中国人的思想方式，即表达了中国人普遍的思维、心理及行为方式。第四，天人合一的思想涉及中国传统文化的各个领域，并且以各自领域的学术范畴体现这一精神。

所谓天人合一是指人与自然界既有区别，而又有统一的关系，人是自然所产生的，是自然界的一部分，人可以认识自然并加以改变调整，但不应破坏自然。这“天人合一”的观念与西方所谓“克服自然”“战胜自然”有很大区别。在历史上，中西不同的观点各有短长，西方近代的科学技术取得了改造自然的辉煌成绩，但也破坏了自然界的生态平衡。时至今日，重新认识人与自然的统一，确实是必要的了。这种天人合一的思想，对于解决当今世界所遇到的不少问题有启迪作用。

（二）以人为本

“以人为本”是中国文化的基本精神之一，就是指以人为考虑一切问题的根本，用中国传统文化的话语来说，就是在天地之间，以人为尊；在人神之间，以人为本。它是相对于宗教家以神为本而言的，可以称为人本思想。[②] 中国传统文化具有超越宗教的情感和功能，所以神本主义在中国始终不占主导地位。虽然在中国历史上也时常打出天的幌子，如封建帝王宣称什么“奉天承运”，农民起义即所谓“替天行道”，但从实质上说，这里的天不过是人们实

---

① 韩星．董仲舒天人关系的三维向度及其思想定位［J］．哲学研究，2015（09）．

② 黄楠森．论“以人为本”的思想渊源和科学内涵［J］．伦理学研究，2011（03）．

现道德理想的手段，而不是目的。

中国文化从诞生的早期就有着以人为本的优秀传统。从先秦到宋、明，儒家思想的一个显著特点是强调道德原则与实际生活的统一，即认为道德原则不脱离日常生活，日常生活中必须体现道德原则。这样中国传统哲学相当成功地把伦理道德学说和政治思想置于自己的控制之下。这种控制有着决定性的意义和结果：一方面是不必依赖宗教的力量去推行道德。在西方和其他地方的封建时代，推行道德是宗教的重要社会功能，这无疑加强了宗教的地位。而在中国，宗教只有在缺乏文化教养的大众俗文化中推行道德，才得到容忍和一定程度的扶植，而在受儒学熏陶的士大夫中，就起不到这样的作用。另一方面是不必依赖宗教去论证政治。如宋明理学把君臣、父子、夫妇的伦理看作永恒的真理，把封建社会的等级秩序视为天秩、天序，这就避免了政教合一，或政权依赖于教权的格局出现。而儒家所坚持的现实生活与道德理想统一的观点，本身就是以人为本的观点。因此深受儒家影响的中国知识分子，宗教意识都比较淡薄。在中国文化中，有一个以道德教育代替宗教的传统。虽然道德也是有时代性的，但是这一道德传统仍有其积极的意义。

但中国传统文化中的以人为本有重人伦轻自然、重整体轻个体的倾向，强调个人的义务和道德人格的独立性，表现在“以人为本，以心为根，以性灵为核”①。而不重视个人的权利和自由，所以与西方近代资产阶级人本主义有着质的区别。

（三）刚健有为

刚健有为是处理各种关系的人生总原则。它要求人们愈是在困境中，就愈要努力奋斗。盖文王拘而演《周易》；仲尼厄而作《春秋》；屈原放逐，乃赋《离骚》；左丘失明，厥有《国语》；孙子膑脚，兵法修列。这正反映了中华民族愈是遭受挫折，就愈具有奋发图强的精神状态和坚忍不拔的意志。自古以来，中华民族每次遭受外族侵略和遭到重大灾难时，这种精神就表现得更为突出。

作为中国文化基本精神的刚健有为的具体表现或凝结的文物、制度、风俗可谓俯拾皆是，不胜枚举。以文学人物形象而言，《列子·汤问》中每日挖山不止的“愚公”、鲁迅先生笔下“每日孳孳”的大禹，都体现了自强不息的精神，他们就是被鲁迅先生称之为“中国的脊梁”的无数英雄豪杰的写照，而这些形象又反过来激励千百万中国人民奋勇直前。以文学艺术题材而言，从古

① 祝西莹，徐淑霞．中西文化概论［M］．中国轻工业出版社，2005：185.

到今无数骚人墨客所吟咏、所描绘的青松、翠竹、红梅、苍鹰、猛虎、雄狮、奔马之类，也都体现了刚健有为、自强不息的精神。我们再看看厚德载物精神。它和刚健有为、自强不息一样，也是中国文学艺术的重要主题。中国古代的骚人墨客用了大量的笔墨篇幅赞美祖国的大好河山，描绘在这大好河山中生长而成的花鸟虫鱼、一草一木，他们的寄托虽各有不同，但有一点是共同的，即在其中渗透着对普载万物的大地母亲的感情，体现了中国人“天地以生物为心”“天地之大德日生”的意识，寄托着“民胞物与”的感情理想。这一切，都是“厚德载物”的思想及其引申和发挥。①

第三节 中国优秀传统文化的现代价值与意义

一、中国优秀传统文化的现代价值

（一）自强不息、独立自主、增强民族振兴的信心

中华民族历来自信自尊，造就了自强不息、独立自主的光荣传统。正如毛泽东同志所指出的：“我们中华民族有同自己的敌人血战到底的气概，有在自力更生的基础上光复旧物的决心，有自立于世界民族之林的能力”②。这种长期积累和凝聚下来的可贵精神和品格维系着各民族的团结，激励着中华儿女前仆后继，变革创新，为民族的繁荣和昌盛而自强不息。

中国在人类几千年文明史中曾长期处于领先地位，但在近几百年特别是近100多年以来落伍了。鸦片战争后，中国成为半殖民地半封建国家。中华民族面临着两大历史任务：求得民族独立和人民解放；实现国家繁荣富强和人民共同富裕。“天行健，君子以自强不息”③ 的精神激励着中国人民为此而奋斗不息，在中国共产党领导下成功地走出了一条建设中国特色社会主义的崭新道路。

实现中华民族的伟大复兴是一个长期的历史过程。在今后的道路上，挑战与机遇并存，希望与困难同在。中国各族人民正紧紧团结在中国共产党周围，

---

① 祝西莹，徐淑霞．中西文化概论［M］．中国轻工业出版社，2005：186.

② 毛泽东．论反对日本帝国主义的策略［M］．北京：人民出版社，1991：12.

③ 马华杰．天行健君子以自强不息［J］．神州，2018（3）.

自强不息，开拓创新。中国共产党领导人民在20世纪写下了光辉篇章，也一定能在21世纪写下新的光辉篇章。

自立自强、生生不息是民族凝聚和发展的思想基础。在新世纪实现民族振兴的道路上，我们要始终保持民族自尊心和自豪感，以热爱祖国、贡献全部力量建设祖国为最大光荣，以损害祖国利益和尊严为最大耻辱。要珍惜几代人流血牺牲赢得的民族独立和国家主权，发扬浩然正气，保持民族气节，自觉地维护国家尊严和民族利益。我们要有远大的志向，坚定的信念，艰苦奋斗的精神和坚忍不拔的毅力，满怀信心地投身于祖国社会主义现代化建设的伟大洪流，自觉地与社会主义现代化建设事业同呼吸、共命运，把中华民族自强不息的优良传统转化为推动改革开放和现代化建设、振兴中华的强大力量。

（二）厚德载物，兼容并蓄

中国的发展离不开传统，也离不开世界。没有交流的文化系统是没有生命力的静态系统；断绝与外来文化信息交流的民族不可能朝气蓬勃。

中国传统文化在发展过程中先后兼容消纳了中亚游牧文化、波斯文化、印度佛教文化、阿拉伯文化、欧洲文化，以我为主，取精用弘，得以生长繁荣、绚丽多彩。它一方面具有强大的包容性，能够吸收各种外来文化并使之与自身有机地结合起来；另一方面又具有强大的整合能力，能够把不同内容、特点、发展水平的文化融为一体。海纳百川，有容乃大。在新的历史时期，我们要保持传统文化中海纳百川充实自己的宏大气魄，以开阔的眼界和博大的胸襟积极吸收人类所创造的一切优秀文化成果，熔铸于有中国特色的社会主义的文化之中，为建设有中国特色的社会主义服务。

当然，广泛吸取外民族先进的东西必须坚持以马克思主义为指导。马克思主义是科学的世界观和方法论，是放之四海而皆准的普遍真理，也是指导中华民族实现伟大复兴的思想理论基础。

保持民族特色，是我们吸取外民族文化时应该注意的。当今世界政治多极化和经济全球化趋势进一步发展，科技进步日新月异，知识经济初见端倪，综合国力竞争日趋激烈。这既给我们广泛吸取外民族优秀文明成果带来了新的机遇，也使我们在保持民族文化特色方面面临考验。因为在这种背景之下，各种民族文化相互碰撞、相互激荡，矛盾与冲突更加激烈，处于弱势地位的民族文化的独立性受到严峻挑战，有被同化、被取代的危险。中华民族的文化源远流长，虽经曲折但从未断流，始终能保持和发展自己，具有高度的稳定性和持续性。所以，我们在开放的过程中要敏锐地把握世界历史发展潮流，认清自己在世界格局中所处的位置，明确自己的优势和弱点，扬长避短，趋利避害，争取主动，既不要放过任何发展自己的机遇，也要正确制定战略，积极应对各种挑战。面对文化发展不平衡的现实，要特别珍视中华民族文化的独特性，学他人之长，补自己之短，保持本民族文化的特色。对外民族文化，采取拿来主义的态度，有选择，有拒绝，警惕文化殖民主义或文化霸权主义，坚决捍卫自己的文化传统及其独特价值，确保在开放的环境下建设好民族的科学的大众的社会主义文化。

二、中国优秀传统文化的意义

（一）有助于增强民族自尊心、自信心和自豪感

中国传统文化是世界上最古老的文化之一，而且是世界上唯一没有中断过的文化，它是东方文化的典型代表，有着独特的价值系统和思维方式，是人类文明发展史上的一块瑰宝，对世界文化的发展和进步发挥了重大的推动作用。中国传统文化中有不少优于西方文化，而且在漫长的岁月中在世界上处于领先地位的方面，即使在科学技术方面也是如此。更不用说辉煌的象形文字、浩瀚的古籍经典、动人的诗词歌赋、灿烂的思想文化、美好的社会理想……学习这些，会以有这样的优秀文化而自豪，从而增强民族自尊心、自信心，而不会妄自菲薄、自暴自弃。

（二）有助于社会主义和谐社会建设

和谐社会是一种理想的社会状态，是对人类美好社会状态的一种描绘。和谐社会就是人与自然、人与社会、人与人之间和谐统一协调发展的社会。建设社会主义和谐社会，是中国特色社会主义的重大战略任务。和谐的基础是社会中的每一个体都学会做人，而学会做人就是学会处理人与人、人与社会的关系。中国传统文化可以说是如何做人的文化，可以说是学会做人的最好的教材。中国传统文化非常注重伦理道德和人格修养，被世人归结为伦理型文化。《大学》一书开宗明义指出：“大学之道，在明明德，在亲民，在止于至善。”并且提出正心、诚意、修身、齐家、治国、平天下的主张。这完全是以对道德的自我追求和完善为宗旨的。孔子倡导的“仁者爱人”“己欲立而立人，己欲达而达人”“己所不欲，勿施于人”①，更浸透了怎样做人的伦理精神。儒家的崇仁、尚义、重节的一系列言论，以及道家所主张的不为境累、不为物役、绝圣弃智、洁身自好，实际上也是对理想人格的追求。同时，中国传统文化注重

① 张兆端．知者不惑之儒家［M］．北京：群众出版社，2018：166.

以家庭的稳定维护社会的稳定。建立在伦理规范与小农家庭（家族）经济基础上的传统政治文化，是中国这个泱泱大国延绵几千年的黏合剂。因此，学习传统文化经典，吸取人文精神，学会做人，对于促进社会主义和谐社会建设具有重要的现实意义。

（三）有助于推进特色社会主义文化大发展

学习中国传统文化有助于培育社会主义核心价值观。面对世界范围思想文化交流、交融、交锋形势下价值观较量的新态势，面对改革开放和发展社会主义市场经济条件下思想意识多元多样多变的新特点，积极培育和践行社会主义核心价值观，具有重要现实意义和深远历史意义。“富强、民主、文明、和谐；自由、平等、公正、法治；爱国、敬业、诚信、友善”社会主义核心价值观，与中国特色社会主义发展要求相契合，与中华优秀传统文化和人类文明优秀成果相承接，是党凝聚全党全社会价值共识做出的重要论断。学习传统文化，有助于理解优秀传统文化对社会主义核心价值观的含义，实现社会主义核心价值观与优秀传统文化的对接，夯实社会主义核心价值观培育的土壤。

其次，学习中国传统文化有助于建设社会主义文化强国。人类文明进步的历史充分表明，没有先进文化的引领，一个国家、一个民族不可能屹立于世界先进民族之林。当今时代，文化在综合国力竞争中的地位日益重要，谁占据了文化发展的制高点，谁就能更好地在激烈的国际竞争中掌握主动权。实现中华民族伟大事业大复兴，迫切要求我国由一个文化资源大国转变为一个文化强国，这是中华民族几千年文化积淀赋予我们的历史使命。因此，学习传统文化，了解丰厚的文化资源，增强文化使命感，增强文化自信和自觉，有助于增强文化软实力，建设文化强国。

第四节　中国优秀传统文化与中国软实力

一、文化软实力的含义及主要表现形式

我们知道，文化是由物质层面的文化、制度层面的文化和精神层面的文化三个类别组成。与此相对应，文化软实力便也以物质文化的软实力、制度文化的软实力和精神文化的软实力的形态存在。其中，物质文化的软实力，是通过引导人们在实践中，把自己的知识、愿望、信仰、技能、审美情趣等物化出

来，它是文化软实力得以发挥的物质前提。制度文化的软实力，是通过将一定范围内人们社会交往和公共行为的结构和规则，它是文化软实力得以发挥的制度框架。而精神文化的软实力，则处于核心的地位，它作为人们在实践中，通过对人的全部精神生活领域——知识和经验、思想和观念、情感和意志等意识活动的作用，来认知世界、表现情感和意志、形成价值意识，塑造一个国家、一个民族、阶级、阶层或群体、个人的心理定式、精神风貌等的过程和成果，是文化软实力得以发挥的方向保证，对于我们树立理想和信念，构筑精神家园具有重要意义。

首先，从国际交往的视角来看，文化软实力表现为一个民族或国家文化的对外亲和力和渗透力。在当代的国际关系中，虽然运用经济、军事等硬实力来实现战略目标的作用仍很重要，但通过以文化为核心的软实力的无形影响和渗透，充分利用文化手段来展示本国的形象，宣传自己的价值观念，扩大国家的影响力，能够更好地获得国际社会的理解和信任。文化软实力还表现为一个民族或国家文化的对外渗透力。我们知道，文化与思想是没有疆界的。在当前和平、发展与合作已成为时代主题的背景下，国家与国家之间的交流日益增多。在这种交流中，一个民族的文化传统、精神气质，一个国家的形象以及它的价值观念、意识形态和制度体系，会通过各种途径向外辐射和传播。在这种潜移默化中，这个国家和民族的对外影响力和渗透力得以增强，最终使别国政府和人民想其所想，进而做其所想，于不露声色中顺利达到自己的目标。

其次，从国家发展的视角来看，文化软实力表现为一个民族或国家文化的对内凝聚力和塑造力。从广义上说，具有相同文化背景的人一般也具有共同的生活方式、伦理道德、风俗习惯、宗教信仰等，这些相同的因素把人们整合、凝聚在一起，形成一种向心的、排他的力量。这种认同斥异的文化内聚力强化了民族国家的凝聚力，使文化呈现出整体性和统合性的特征，并由此整合民族和国家内部各行为主体的精神追求和行为规范，形成相同的民族心理、民族性格和国家主流价值取向，从而有利于协调国内各民族、种族、阶级、阶层、社会集团以及这些群体中个人的行为，实现各民族的融合和国家意志的高度统一。

就一个民族或者国家自身的发展来说，文化软实力主要表现为一种精神上的整合力，它有利于国家凝聚力的形成和民族性格的养成，有助于促进民族的团结、国家的统一、政权的巩固和国民精神上的自信和自豪。

二、中国优秀传统文化在构建文化软实力中的重要作用

文化软实力是指一个民族、国家或地区的文化影响力、凝聚力和感召力，

是国家软实力的核心因素。就一个民族或国家自身的发展来说，文化软实力主要表现为一种精神上的整合力，它有利于国家凝聚力的形成和民族性格的养成，有利于促进民族团结、国家统一、政权巩固和文化自信。一个国家如果对本民族或本国的传统文化缺乏自信，忽视自身文化软实力的开发和建设，结果自然会导致本民族或本国人民价值取向的混乱，以及精神家园的丧失，甚至民族的离散和国家的分裂。因此，作为一个由56个民族组成的统一的多民族国家，加强对五千年来绵延发展而从未中断过的中国传统文化软实力的开发和建设，充分发挥其对全国人民的思想教育和价值引导作用，就显得尤为重要。

我们知道，中国传统文化和世界上其他民族的传统文化一样，是“植根于民族的土壤中，从总体上反映和代表着一个民族或社会的思维方式、价值观念、伦理道德，体现在人们的生活方式、风俗习惯、心理特征上，内化、积淀、渗透于每一代社会成员的心灵深处，往往凝聚为民族特有的国民性格和社会心理”，作为一种注重道德教化的伦理型文化，中国传统文化自身就具有显而易见的能动的思想政治教育功能，而我国思想政治教育本身所具有的文化属性和民族属性也使其无法离开五千年来中国传统文化留下来的优秀精华。因此，中国传统文化软实力要最终实现其对外的亲和力、渗透力以及对内的凝聚力和塑造力，则必须通过思想教育和引导的方式来进行和完成，中国传统文化和思想政治教育的有机融合正是中国传统文化软实力得以形成和充分发挥的基本保证。

第二章 优秀传统文化中的地域文化

优秀传统文化是中国文化发展的基础。作为优秀传统文化的重要组成部分，地域文化有着自身独有的特征。地域文化涉及范围十分广泛，例如荆楚文化、河洛文化、湖湘文化、齐鲁文化等都属于地域文化的范畴。地域文化以其独有的地域特色促进了中国优秀传统文化的传播与发展。本章主要从荆楚文化、河洛文化、湖湘文化的基础知识入手，探讨了地域文化的教育价值，同时还分析了地域文化的教育现状及发展对策。

第一节 地域文化概述

一、荆楚文化

（一）荆楚文化的基本精神及其特点

1. 开放性和兼容性

荆楚文化的开放性和兼容性，与荆楚的地理位置和居民的复杂性是相关联的。

荆楚地域处于我国地势二级阶梯向三级阶梯过渡的位置，有平原、岗地、丘陵和山地，河流纵横，湖泊众多，复杂多样。其四面环山，中间为两湖平原，整体地貌呈现为一大盆地形态。荆楚又处于我国比较中心的地位，万里长江横贯其中，众多支流汇往长江，主干水陆交通贯通南北东西，这种交通格局直到近现代京广铁路全线通车以后，仍然如此。四面高山存在一定的封闭性，纵横交通的枢纽地位则具有极大的开放性，周边山区尤其是西部山区经济文化比较闭塞落后；中部处于纵横交通线上地区的经济文化比较开放、发达。封闭性与开放性，落后性与发达性并存，而开放性和发达性是荆楚文化的主流。相反的双方既相反又相成，中部发达地区对边远山区有辐射性和影响作用；而边远山区尤其是西部山区的古文化往往以其古色古香的文化因子不时地向中部发达文化渗透，这正是荆楚文化具有奇丽色彩的奥秘之所在。

荆楚地域是个居民比较复杂的地区。就东周而言，见于记载的除了楚族外，还有汉阳诸姬、群蛮、濮、巴、杨越等族属。秦汉时期，除了汉族外，见于记载的有巴、越、蛮等少数民族。六朝以后，诸多少数民族多以“蛮”相称，并逐渐演变成为今日的汉族、土家族、苗、瑶、回、维吾尔、壮等民族。汉族是主要民族，少数民族多居西部和南部山区。此外，历史上还有数次北方的移民以及明清时“江西填湖广，湖广填四川”的移民。① 由于民族文化和移民文化的差异，主体文化在发展中对这些存在差异的少数民族文化和移民文化，不断地加以涵化和兼容。这就是荆楚文化的兼容性。

正由于荆楚文化具备开放性和兼容性这两大特点，所以，在近代中西文化剧烈的碰撞中，荆楚文化对西方文化显示出较强的兼容性，并在文化转型及新文化建设中处于先进地位。

2. 自强进取精神

自强进取作为荆楚文化最基本的精神，主要是从楚人积极的处世态度和优良文化传统中概括提炼出来的。它包含着诸多具体精神，作用于不同的时代。

新石器时代以后，荆楚地区在相当长的一段时间里跟不上中原的发展步伐。自商末楚国建立后，才奋起直追。那个时代，荆楚文化与中原文化尚处于撞击融合阶段，中原人以华夏为正统，认为荆楚尤其是楚国尚未强大时的荆楚偏远落后，常以“楚蛮”“南蛮”“蛮夷”称呼荆楚地域或荆楚人。② 周初以五等爵制人分封时，因视楚人为蛮夷，仅以子爵封楚国。同时楚在诸侯之间的残酷争战中求生存求发展，生死攸关。凡此皆激发了楚人自强进取精神。其一，是激发出楚人“筚路蓝缕”的艰苦创业的自强精神；其二，激发出楚人自主创新的进取精神；其三，激发了楚人强烈的民族责任感和爱国主义热情。

秦汉文化一统整合后，楚人这种自强进取精神成为荆楚文化的一种优良传统精神，世代发扬。尤其在近代民族危机不断加深的局势下，更加激发了荆楚人的这种精神。从洋务运动的启蒙到新民主主义文化的建设，荆楚人以强烈的民族责任感和时代的使命感，置生命于不顾，积极变革，努力创新，敢为人先，充分发扬了自强进取的精神。

---

① 张锦高，袁朝．荆楚文化的现代价值［M］．武汉：崇文书局，2005：36.

② 王建辉，刘森淼．荆楚文化［M］．沈阳：辽宁教育出版社，1998：71.

3. 浪漫主义特色

浪漫主义既是文学艺术的一种基本创作方法，更是一种思维方式它以奇妙的幻想来体现美好的理想，并试图用美好的理想去“代替”或“补充”不理想的或不够理想的现实。浪漫主义古今中外都是存在的但作为一种思潮和流派并非普遍存在。在中国地域文化史上，一般认为荆楚文化最具有浪漫主义特色。①

荆楚文化的浪漫主义特色，东周时期最为突出。已成为一种思潮文学、艺术、思想等各方面都有表现。大量漆器纹饰，普遍流行一种飘逸感很强烈的凤尾纹；长沙出土的《人物御龙帛画》，人御神龙，孤鹤相从，构思谲怪。楚地还流行一种复合造型法，即动物合体、人兽合体，曾侯乙墓出土的鸳鸯漆盒上的《击鼓舞蹈图》《撞钟击磬图》，击鼓撞钟的乐师鸟首人身。

荆楚文化之所以具有鲜明的浪漫主义特色，原因是多方面的。自然条件是学者们谈论最多的。屈原作品是荆楚文化浪漫主义特色的代表作，更是人们探讨的重点。早在南朝时，著名的文学批评家刘勰就说过，“若乃山林皋壤，实文思之奥府，略语则阙，详说则繁。然屈平所以能洞鉴《风》《骚》之情者，抑亦江山之助乎！”② 凡此表明荆楚雄丽的山川，浩渺的江水湖光是浪漫主义产生的地理条件。荆楚地域文化之所以浪漫主义特色鲜明，除了上述特定的自然环境，以及荆楚较盛的巫文化因素外，还有一个更为重要的因素，就是在于荆楚文化具有较强的崇尚个性的价值取向。

（二）荆楚传统文化转型的特征

第一，荆楚传统文化的转型是受到外来的西方论的冲击而发生的，所以各地区之间转型之起步时间的早晚、文化转型的进程，就与西方殖民者势力进入的早晚及其影响的深度有着密切的关系。换言之，在中国传统文化转型的过程中，各地区文化转型的进程受到西方殖民者进入这一地区的先后及其势力大小的制约。在中国各大区域中，东南沿海地区最先遭到西方殖民者的侵略，所受到的冲击也最大，因而其现代化的起步也最早。荆楚地区地处长江中游，通过长江这一黄金水道与沿海相通，海轮并可直接沿长江进入这一地区，所以是仅次于东南沿海的西方殖民者最早进入的又一地区。因此之故，在全国范围看，荆楚地区是现代化起步最早的地区之。同时，由于张之洞在 19 世纪晚期到 20 世纪初期的苦心经营，荆楚地区的社会经济与文化在当时都处于全国先进

---

① 肖东发，方士华．瑰丽楚地——荆楚文化特色与形态［M］．北京：现代出版社，2015：51.

② 陈远发．荆楚文化之谜［M］．海口：南海出版公司，2002：34.

行列。

当然，传统文化转型的进程不仅受到外来冲击之先后与强度的制约，还受到固有的文化结构的制约。荆楚地区独特的地理位置和交通条件，决定了其固有文化的开放性特征，也使荆楚文化对异质文化具有很强的包容性，易于接受外来文化的影响。这特征在荆楚文化的转型过程中具有特别重要的意义。正是荆楚传统文化的这种特征，使荆楚地区在接受西方文化影响的过程中相对于内地其他地区而言较少有障碍、同时，由于荆楚传统文化本身所具有的开放性与多元性特征，也在很大程度上决定了它在文化转型、吸纳外来文化的过程中，也同样具有多元性的特征，从而使本已错综复杂的现代化进程更为复杂。

在中国传统文化的转型过程中，荆楚地区可以说是站在全国各地区的最前列，它仅次于沿海地区，是内地转型起步最早、水平最高的地区。这是荆楚文化转型的第一个特点。这一特点决定了转型期的荆楚文化在全中国传统文化转型过程中所具有的独特地位和作用：不仅是内地各地域传统文化转型的典型和先锋，而且还带动或促进了周围地区传统社会与文化的变革，特别是对于中州文化、巴蜀文化等地域文化的转型有很大的示范和促进作用；同时，作为传统文化转型的一种地区类型，它与沿海地带并驾齐驱，又各有特点，互相促进，从而有效地推动了整个现代化的进程。

第二，荆楚文化转型表现为政治思想和政治变革的先进性荆楚地区政治思想的先进性首先表现为谭嗣同的政治理想。在19世纪末，他就表达了地球上建立一个大同社会的渴望——这样种社会将充满生气和活力、不断向更美好的未来发，它也是以激进的平等主义和自由地表达感情为特征的道德高尚的共同体。从对世界的这样一种幻想出发，谭嗣同对中国传统文化进行激烈的批评，他猛烈攻击传统的君主制，将它描述为最黑暗的专制主义、压抑人类的能力与情感。他对传统文化的抨击并不仅仅局限在政治秩序方面，还扩大到对传统中国的主要社会制度——家庭。这从他对传统的道德和社会秩序的核心（儒家的三纲五常）的毫无保留的诘责中可以看得很清楚。在儒家看来，人类全部关系中最为神圣的是君臣、父子和夫妻，三者都是以一方绝对统治的权威原则为基础的。谭嗣同认为，父子、夫妻这两种家庭关系和君臣这种关系一样，都是腐败的和压制性的，这三者构成了单一的乖张和压迫的秩序，在这种秩序里，传统的社会只能日渐枯萎和堕落。因此，为了在地球上建立一个能生的人类共同体，谭嗣同呼吁冲破三纲五常这一令人窒息的罗网，进而消灭中国的整个传统社会政治秩序。①

① 石定乐，孙嫘．楚民楚风——荆楚民俗文化［M］．天津：天津大学出版社，2015：60.

两地区政治思想的先进性在“五四”之后大批涌现的两湖籍无产阶级革命家身上得到最充分的体现。两湖地区特别是武汉与长沙是马克思主义最早传播并得到良好发展的地区之一，在“五四”运动后，一大批先进的知识分子相继成长为坚定的马克思主义者，并组建了最早的共产主义小组。到20年代中期，毛泽东、蔡和森、刘少奇、向警予等无产阶级革命家都已基本走向成熟，并在革命大潮中崭露头角。在中国新民主主义革命的漫长历程中，两湖地区革命占有重要的地位。从“二七大罢工”到秋收起义，从湘赣根据地的创建到湘鄂西、鄂豫皖根据地的建立，两湖地区都走在中国革命的最前头。

第三，众所周知，中国传统文化的转型是非常复杂的。一方面，因为这种转型是在西方文化强行侵入、打断中华文化自身进程的情形下发生的，西方现代文化的楔入，给中国传统文化造成的激荡之深切是空前的。中国的现代化转型，不仅要完成文化的时代性跃进，还要处理文化的民族性保持与变异这一组矛盾。因而其任务是多重的、交叉的。西方人数百年间解决的问题，一齐积压到个世纪间，要求中国人一并解决，任务的艰巨性与复杂性是无法想见的。另一方面，由于中国地域广阔，各地区之间发展进程与发展水平存在着诸多差异，各地域文化的内部结构、走向也各不相同，因此，在西方文化的冲击面前的反映也各不相同，其现代化道路各有差异。在荆楚文化的转型过程中，这种复杂性也充分地表现出来。

这种复杂性首先表现为如何对待传统文化、如何接受西方文化、如何构建自己的新文化的态度与道路的抉择方面。一般说来，在现代化过程中，存在着文化保守主义（或称之为“文化守成主义”）、自由主义和激进主义三种主要的道路，这三种道路在荆楚地区都有自己典型的代表，在社会上也都有程度不等的影响，其相互之间也不断地分化离合甚至是相互转化，互相融合。虽然总的说来，在荆楚传统文化转型的过程中，以“全盘西化”为核心的自由主义文化观和主要表现为共产主义的文化观，特别是后者基本上处于主导地位，在民众中的影响也最为巨大，并最终决定了现代化运动的方向乃至于方式，但是，文化保守主义的阵营也未可轻视。需要指出的是，文化保守主义不仅在传统知识分子中有定的影响，也常常是一般民众在未受到革命教育前一种普遍的情感取向，正因为此，文化保守主义在很多时候都会有一定的社会基础。

荆楚文化转型的复杂性还表现在现代化进程的区域与阶层差异方面，其中又最突出地表现在城乡差别上。一方面，以城市为中心，近代或现代工商业逐步发展，并逐步确立了其对于城市及其周边地区政治、经济与文化的强势控制，其文化的主导部分迅速西方化或者向西方化演进，从城市面貌、社会结构，到城市人群的行为方式、社会风貌，以至于语言、娱乐方式，都发生了巨大的变化。而另一方面，在广大的农村，在很长的时间内则基本上没有发生什么变化，以农业经济为基础的传统文化依然占据着主导地位，社会结构与社会行为方式也都一仍其旧。城乡之间的巨大差别反映出现代化进程的严重不平衡，而此种不平衡发展又在很大程度上制约了区域现代化的整体进程。

总之，荆楚传统文化的转型既具有整个中国传统文化转型的一般特征，又有一些独特的区域特征。需要指出的是，作为中国传统文化的种地域文化，在转型的过程中，与整个中国传统文化转型相一致的一般特征是主要的，其地域特征是一般特征在具体地域的具体表现，处于次要的、附属性的地位。

二、河洛文化

（一）河洛文化的特性

1. 开放性（包容性）

开放性也可以说是包容性。河洛地区地处天下之中，交通四达，周边各地域文化都在这里交汇、碰撞。河洛文化的萌芽阶段，即新石器时代后期，就与周边的大汶口—龙山文化、屈家岭—石家河文化、良渚文化、红山文化等有过交流和碰撞，并吸收周边地域文化的先进因素，例如良渚文化的玉礼器，从而使自己迅速发展，地位逐渐突出，成为各地域文化的核心。在西周时期又通过封邦建国，将河洛地区的礼乐文化向四方推广。春秋战国时期，齐鲁文化、楚文化都对河洛文化有较强的影响，儒家文化从邹鲁地区传入。汉唐时期河洛地区又以博大的胸襟，吸收中国西北和北方胡族，即匈奴人、西域各族人的优秀文化，包括物质文化上的土特产、生活器具，精神文化上的音乐、舞蹈等，特别是对异域天竺的佛教文化，也不排斥，吸纳后进行改造，使之成为河洛宗教文化的重要组成部分。只有开放，才可能与外界交流，才能吸收外部文化的优秀成分。只有能包容，才能兼收并蓄，只有取人之长，补己之短，才能充实自身。河洛地区有自己得天独厚的区位优势，河洛文化广泛吸收周边地域文化的因素，才能长期保持自身的先进性。

2. 先进性（先导性）

先进性或者称先导性。因为先进，开风气之先，具有导向作用，可以引领潮流，因而具有先导性。河洛文化与其他地域文化相比较，长期具有先进性。河洛地区地处黄河中游，这里地表布满黄土，疏松肥沃，适宜原始人类耕种，中国最早的旱作农业就在这里产生。在原始社会末期，生活在河洛地区的华夏部族是当时最先进的部族，这里的先民率先摆脱野蛮和蒙昧，迈入文明的门槛，建立了早期国家制度。先秦时期，由于河洛地区是夏、商、周三代的京畿地区，开发比其他地区要早。这里较早使用青铜器和铁器，科学技术也比较先进，最早进入传统农业和手工业生产阶段。东汉至唐宋，这里人口稠密，生产技术先进，经济长期在全国处于领先地位，在文化教育方面也是全国的首善之区。官学和科举制度在河洛地区创立，东汉经学、魏晋玄学、宋明理学等，或者起源于此，或者在此兴盛，再向四方传播。因此我们可以说，河洛文化在中华民族文化中具有先进性或者先导性，又具有很强的向心力和凝聚力。

3. 正统性

所谓正统性，就是带有官方文化的特点。河洛文化通常为都城文化，也不无道理。河洛地区是全国建都时间最长的地区。全国如今有八大古都，河洛地区就有洛阳、开封、安阳、郑州四个，其中又以河洛地区的中心——洛阳建都时间最长。夏、商两代都建都于河洛地区，二里头遗址与偃师商城、郑州商城、安阳殷墟就是证明。西周洛邑为陪都，东周时成为首都。东汉、曹魏、西晋、北魏四朝均建都洛阳，隋、唐两朝以洛阳为东都，五代至北宋、金，以开封为东京，洛阳为西京。河洛地区长期是全国（或北方）的政治中心、经济中心，也是文化中心。这里是全国文化教育的首善之区，许多重大文化事件在这里发生，许多文化制度在这里创立。历代的王朝统治者把河洛地区的文化作为一种官方的正统文化，利用行政和教化的手段，向全国其他地区推广。因此，河洛文化为历代王朝所倡导，具有正统性。

4. 连续性

连续性又可称为传承性。在中国历史上，许多地域性文化兴起以后，经过一段辉煌，很快衰落、中断甚至消失；有些地域文化却得以长期延续，长盛不衰。河洛地区的文化就得以长期延续，连绵不断。[①] 例如，在河洛文化萌芽的新石器时代，除了河洛地区的仰韶文化和中原龙山文化之外，在中国北方燕辽地区有红山文化，在东方海岱地区有大汶口—龙山文化，在南方长江中游有屈家岭—石家河文化，长江下游有良渚文化。在这些带有地域性的考古学文化中，除了河洛地区的中原龙山文化和海岱地区的龙山文化在继续发展外，其他几种文化兴盛一段之后就衰落了。而且中原龙山文化比海岱地区的龙山文化的发展势头更为强劲，逐渐成为一种强势文化。它为以后的夏文化——二里头文化所延续。此后夏文化又为商文化、周文化所延续。而有些地域的考古学文化。因此，河洛地区的文化发展链条数千年不断线，这就是河洛文化的连续性或者传承性。

---

① 于元．荆楚文化［M］．长春：吉林出版集团有限责任公司，2010：49．

（二）河洛文化的历史地位

河洛文化是中华民族文化的主要根底和源头，也是中华民族文化的核心和主流。

1. 中华民族文化的主要根柢和源头

如果说中华民族文化是一棵参天的大树，许多地域的远古文化构成了它根柢的话，那么河洛地区的史前文化就是它的主根、直根。如果说中国传统文化是一条奔流不息的长河，它有很多源头，那么河洛文化就是它的主要源头。

河洛地区是中原的中心地区。考古发现和文献记载表明，河洛文化是中华民族文化的主要根基和源头。①

2. 中华民族文化的核心和主流

河洛文化是中华民族文化的核心和主流。这是因为：

第一，在上古时代，“中国”就是河洛地区的代称，华夏部族就在这里生活，因而河洛地区就是最早的“中华”。华夏部族在河洛地区建立了中国最早的国家政权，并逐渐实现了国家的相对统一。夏、商、周三代都在河洛地区建都，华夏部族逐渐与进入中原的东夷、苗蛮等部族融合为一体，到秦汉时期，形成了汉民族。在此后的封建社会里，历代汉族统治者又长期建都于此。河洛地区是这些政权的腹里地区，也是汉族的中心区。华夏部族和后来的汉族是中华民族的主体民族，华夏文化、汉民族文化是中国历史上的主流文化。因此河洛文化是中华民族文化的核心和主流。

第二，中华民族文化的核心和主流是礼乐制度和儒家思想，或者再加上道家和佛学思想。中国的礼乐起源于河洛地区，延续至夏、商两代。西周时周公姬旦在洛阳制礼作乐，在吸收前代礼乐的基础上，制定了周代的礼乐制度。到了春秋时代，周平王东迁洛阳，洛阳成为周代礼乐的渊薮。虽然鲁国是周公之子伯禽的封国，也是一个礼乐的中心，但是据说在春秋后期，孔子曾经前往洛阳，向老子问礼。孔子在周代礼乐的基础上，创立了儒家学派。孔子周游列国时，首先在河洛地区传播儒学，孔子死后，其高足子夏等在“西河”教授，魏文侯等都向他学习。西汉时汉武帝“独尊儒术”，而儒学的兴盛却在东汉。从东汉到魏晋，洛阳是全国儒学的教育和研究的中心。

第三，道家、墨家、法家、纵横家都起源于河洛地区，魏晋玄学和宋明理学起源于此，佛教最先传入洛阳，洛阳又长期是全国或者北方的佛教中心。总之，河洛地区长期是中国思想学术的中心。

---

① 薛瑞泽，许智银．河洛文化研究［M］．北京：民族出版社，2007：47.

综上所述，本书认为河洛文化是中华民族传统文化的核心和主流。

（三）研究河洛文化的现实意义

河洛文化是中国历史上一种有重要影响的地域文化。深入研究河洛文化不仅具有很高的学术价值，而且有着重大的现实意义。

1. 河洛文化与增强中华民族凝聚力

以河洛文化为中心的中华文化的主要特点是：（1）历久弥坚的大一统思想；（2）根深蒂固的“中国意识”。①

河洛地区就是最早的“中国”。河洛文化所强调的“中国”意识，是中国历史上多民族融合和民族团结的精神力量。从最早的炎黄集团发展到华夏族群，再突破夷、夏之别融合各个少数民族进入汉族群体，直至兼容所有中国境内的民族群体构成中华民族大家庭，都是在“中国”意识基础上形成的。

在中国数千年的历史发展过程中，由于河洛文化所倡导的大一统思想深入人心，故在不同历史时期一度出现分裂局面，但一旦处于中心地位的王朝居于中原地区的优势地位，很快便以中央王朝的名义和号召力使中国重新走向统一。中国历史上几次从分裂割据走向统一，无不是河洛文化所倡导的大一统思想深入人心所造成深刻影响的结果。

河洛文化是一种根文化。河洛文化的强劲凝聚力和向心力表现在所有受其沐浴的中国人，无论走到哪里，都对自己的祖居地怀有深厚的情愫，都竭力保持自己的文化认同精神和民族归属感。

深入研究河洛文化的传承和影响，特别是研究河洛文化与港澳台同胞的关系，对港澳台同胞和海外侨胞对中华民族的认同感，凝聚世界华人、促进祖国和平统一，实现民族振兴，有着重大的现实意义。

2. 河洛文化与和谐社会构建

21 世纪以来，我国提出了构建和谐社会的主张。

河洛文化中蕴涵着丰富的和谐思想。在春秋时期，河洛地区就出现了所谓“和同”之辩。《国语·郑语》记载，史伯在回答郑桓公发问时说，西周的最大弊端是“去和而取同”。《中庸》中也说：“致中和，天地位焉，万物育焉。”

儒家主张“仁爱”，道家主张以谦下不争、清净物为来达到人的身心和谐，主张“挫其锐，解其纷，和其光，同其尘”。②

总之，发掘河洛文化中和谐思想，有助于今天和谐社会的构建。此外，河

① 李新社．河洛文化研究［M］．呼和浩特：远方出版社，2004：24.

② 李乔．河洛文化研究述论［J］．地域文化研究，2019（4）．

洛文化还包含着丰富的民本思想，河洛地区的志士仁人以天下社稷为己任，体现着高尚的爱国为民、无私奉献精神；河洛文化中也包含着一种自强不息、奋发有为的精神，一种改造自然和社会的雄心壮志，为实现美好理想而坚韧不拔、艰苦奋斗的精神。这些精神不仅在中华民族精神的熔铸中起到了十分重要的作用，在当前的现代化建设和社会主义核心价值观的树立进程中仍然值得弘扬。

三、湖湘文化

(一)"湖湘文化"概念的界定

由于学术界对"文化"界定的歧义，又加上湖湘文化的独特性、多源性和历史变迁性，对其定义与内涵准确地做出界定自然存在一定困难，但通过学界以往长期的探究与考释，学术界基本达成这样一种共识："湖湘文化不是一个学派，而是在现今湖南地域范围内形成和发展起来的、颇具特色的地域文化。"① 不过，在具体如何确定湖湘文化时，学术界存在着以下这样一些主要观点和意见：

一是以曾长秋、王兴国为代表的湖湘文化观，主要强调精神文化的内容。曾长秋认为湖湘文化是中国传统文化的支脉，是湖南各族人民具有特色的民风、民俗、社会心理、社会意识和科技文化等的总和。② 王兴国从文化的层次上加以划分，所谓"狭义"的湖湘文化是指"雅文化"，即经过知识分子再加工的精英文化；所谓"广义"的湖湘文化则包含湖湘的雅文化和俗文化，即广泛存在于湖南各族人民中的具有特色的民风、民俗、社会心理、社会意识、科学文化等的总和。③ 罗福惠认为，湖湘文化是一种区域文化，是湖湘人的思想和言行所体现的相应的规范体系、价值观念和政治意识。④ 巫瑞书教授认为，湖湘文化是在湖湘大地上形成的一种历史区域文化，包括哲学、史学、政治学、军事学、文学、艺术、语言学、民族学、民俗学、教育学、饮食、服饰等。⑤

---

① 向常水，靳环宇．"湖湘文化研究与发展"学术研讨会召开［J］．民主，1999（6）．

② 曾长秋．承往古衰朽之续开近代风气之先——论曾国藩对湖湘文化的传承［J］．船山学刊，2005（4）．

③ 王兴国，聂荣华．湖湘文化纵横谈［M］．长沙：湖南大学出版社，1996：3-4．

④ 罗福惠．近代湖湘文化鸟瞰［M］岳麓书院一千零一十周年纪念文集：第一辑．长沙：湖南人民出版社，1986：77．

⑤ 巫瑞书．湖湘文化与楚文化关系管窥［J］．湖南师范大学社会科学学报，1990（1）．

二是以周秋光、江凌为代表的湖湘文化观，主要强调物质、制度、精神三个层面的内容。周秋光认为按科学和广义的划分法，湖湘文化应是包括物质的、制度的和精神的三个层次。① 江凌认为，湖湘文化是指始于南宋时期，止于民国末期，在今湖南省域内形成的历史区域文化。它包括广义和狭义两种理解：广义的湖湘文化是个多层面的复合体，涵盖物质层面、制度层面和精神层面，系湖湘人们在社会实践过程中所创造的物质财富和精神财富的总合体，包括物质生产和生活方式（作物、饮食、服饰、建筑等）、政治礼仪、法律、制度、价值观念、社会心理、社会风俗等；狭义的湖湘文化，偏重于精神层面，特指以“学术文化”为核心的湖南地域学术思想文化及其文化精神、文化性格、文化风俗等，即由湖湘大地居民所创造的精神财富的总合，包括哲学、宗教、史学、文学、军事、科学、技术、艺术、语言、民族、民俗、心理、教育等观念形态的一切社会意识形态。②

三是以万里、丁平一为代表的湖湘文化观，主要强调湖湘文化的复合性和综合性。万里认为：“湖湘文化是一个复合体，它是历代（包括现实）湖湘民众在湖湘大地上所创造的实物、知识、信仰、艺术、道德、法律、风俗，以及其余从社会上学得的能力与习惯的总合。”③ 丁平一认为：“湖湘文化”是一个动态发展的、历史的概念。她上接以屈原为代表的楚文化传统，中经宋代湖湘学派创始人胡安国、胡宏父子奠基，又由胡宏高足张栻广为传播，继由明末清初大思想家王船山承接发展，到近代，产生了一代又一代有名人物……湖湘文化并不等于湖湘学派，她是包含了湖湘学派在内的、有悠久历史的一种区域性文化，她是中华民族文化中一颗璀璨的明珠。④

四是以朱汉民、邓洪波、田中阳为代表的湖湘文化观，主要突显两宋以后的理学文化特征。朱汉民认为：“湖湘文化是一种区域性的历史文化形态，它有着自己稳定的文化特质，也有自己的时空范围。从空间上说，它是指湖南省区域范围内的地域文化；从时间上说，它是两宋以后建构起来并延续到近代的一种区域文化形态。”⑤ 邓洪波从湖湘文化的形成、本质与特征等方面出发，认为：“湖湘文化主要指宋代以来，形成于洞庭湖以南地区，即今湖南省区范围之内的区域性文化。它虽然毫无例外地包括雅与俗两个层次、精神与物质两

① 周秋光．湖湘文化宏观研究［M］．长沙：湖南师范大学出版社，2001：34.

② 江凌．试论近代湖湘文化的基本特质及其文化精神［J］．湖南社会科学，2011（6）.

③ 万里．略论湖湘文化的定义、内涵精神特质及其现代转换［C］湖湘文化研究会．湖南省湖湘文化研究会 2007 年年会论文集，2007：5.

④ 丁平一．湖湘文化传统与湖南维新运动［M］．长沙：湖南人民出版社，1998：2.

⑤ 朱汉民．湖湘文化与巴蜀文化［M］．长沙：湖南大学出版社，2013：16.

个部分，但其内涵与本质仍然是一种理学型的文化，有着推崇理学、强调经世致用、主张躬行实践、爱国主义、敢为天下先的奋斗与创新精神、兼收并蓄博采众长的开放精神等特点。"① 田中阳认为："湖湘文化"不是广义的湖湘文化，既不包括先秦时期的楚文化，也不包括民情风俗层次的湖湘文化，它特指近世湖湘文化，即滥觞于南宋时期，由明清之际的大思想家王夫之集其大成，影响湖南乃至中国数百年历史进程的区域性文化思想流派。②

（二）"湖湘文化"再认识

毫无疑问，湖湘文化是中华文化的重要组成部分之一，是中华文明长河中主要支流之一，与其他不同特质的地域文化一样，经历了漫长历史的积淀和洗礼而形成的。它既具有强烈的历史性、传承性；又具有鲜活的现实性、变异性。人能创造文化，反过来，文化又能塑造人、影响人，同理，湖湘文化无时无刻不在影响着今天的湖湘人，为进一步开创新的湖湘文化或者实现湖湘文化的现代化转型提供历史的根据和现实的基础。在当今从传统社会向现代社会过渡时期，每个人都存在着一个对自己传统的历史文化的理性选择和反思问题。在这样一个重新审视自己文化的节点上，思想上、观念上的百家争鸣也就自然成了学术界的自觉。上述湖湘文化概念的不同观点正是反映了湖湘学人既仰望星空，又脚踏实地；既对未来的展望，又对过去的眷恋；既是欢乐的憧憬，又是忧郁的思索。那么，究竟怎样才能较为合理地认识湖湘文化以至于达成一个基本的共识呢？

首先，湖湘文化是一种地域乡土文化。本书认为，一种文化系统的独立存在是否能够成立，一般来说，取决于三个最为关键的因素。一是必须经过较为漫长的历史积淀和历史传承，形成了丰富的文化内容和较为完整的文化体系；二是必须获得某个社会群体的文化认同，从而引起社会的关注并将之视为一种具有独特性质的文化形态；三是必须具备文化要素或者文化层次中最为核心本质性要件——精神文化（心态文化）的内涵。也就是说，一种文化之所以成立，一定得有它自己的宇宙观、价值观、审美观等哲学思想和人生态度。由是观之，湖湘文化已完全具备以上三个文化因素的条件与资格。这三个因素的具体内容，充分显示了湖湘文化的地域性、乡土性、独特性，所以，湖湘文化是一种地域乡土文化。

其次，湖湘文化是一个内容丰富而多层面的复合体文化。众所周知，按照

---

① 邓洪波．宋代湖南书院与湖湘文化的形成［J］．船山学刊，2005（2）．

② 田中阳．湖湘文化精神与二十世纪湖南文学［M］．长沙：岳麓书社，2000：9.

文化的广义而言，文化是“自然的人化”，但凡与人发生直接或者间接联系有形与无形的事物，都纳入了文化范围之中，可以说，文化在人类社会中是一个无所不包，无处不在的东西，所以，人类社会物态的、制度的、行为的和心态的，都属于文化。另外，文化又经过了漫长时间的历史积累。可想而知，文化的内容是极其丰富，其结构系统也是极其复杂的。同样，湖湘文化也是极为丰富多彩与多层面的，是一个复合体文化。它既包含了意识形态层面的观念文化、精神文化，也包含了物化形态的物质文化和行为文化；既包含了上层社会的主流文化、庙堂文化和精英文化，也包含了世俗的大众文化、草根文化和江湖文化等。其中既具有强烈稳固的原生态特质，又有着因应社会时代变迁之流动性、发展性、变异性等衍生特质。正是在这些多元文化元素的持续互动合力作用下，湖湘文化才日益丰富并逐渐定型，形成了特色独具的地域文化。

再次，湖湘文化具有广义湖湘文化和狭义湖湘文化之分。这是基于上述湖湘文化的地域性和丰富性来区分界定的。作为地域性的湖湘文化，我们无论在整理、发掘、探究，还是在认知、理解、言说的过程中，必须对湖湘文化作一定的时空、类型、结构、层次的区分。作为极为丰富性的湖湘文化，我们为了方便起见，也要梳理清楚其前因后果、来龙去脉。所以，对湖湘文化作广义与狭义之分，是文化理性认知的应有之义。对“湖湘文化”的认识首先要树立湖湘文化是产生于湖湘这一地域（地理）范围内的文化观点，也就是自古及今，生活在湖湘这一地域热土上无数湖湘民众所创造和积累之各种文化的总和。基于此，我们可以将湖湘文化分为广义与狭义两种界定。广义的湖湘文化指的是湖湘文化是一个复合体，它是历代（包括当今）湖湘民众在湖湘大地上所创造的物质的、制度的、行为的、精神的社会性财富及其关系的总和。狭义的湖湘文化指的是自古以来湖湘人在湖湘地域所共同创造、发展和积累的包括知识、信仰、艺术、道德、法律、风俗、习惯等的文化精神，反映的是湖湘人的价值取向、行为模式、思维方式和审美情趣。①

① 殷慧编．湖湘文化名著读本（教育卷）[M]．长沙：湖南大学出版社，2014：29.

第二节 地域文化的教育价值

一、地域文化对教育机构的区域特色价值

作为教育机构的学校和教育场所都坐落在一定的地域，有着极强的地域性。它的建立、发展离不开滋生它的地域文化氛围，与一定地域空间的自然环境、人文环境有着密切联系，地域文化为教育的发展提供了新的空间和契机。同时，任何一个学校和教育场所也都是某种地域文化的组成部分。世界上有各种不同的地域文化，相应也就有千姿百态的各种各样的教育场所，就是在同一国家或地区，处于不同地域文化的教育场所，也存在着不同程度的地域差异。因此，地域文化是教育的重要元素。从地域文化差异性的角度考察教育生活，就会发现，学校和教育场所实际上是不同的地域文化社区。不同学校的学习与生活被地域文化所限制，地域之间的文化差别形成了不同的校园文化状况。教育工作在不同的地域文化环境中展开，又必须实现教育的总体目标，就面对着如何处理、协调不同地域文化的问题。可见，教育机构具有一定的地域性。①

二、地域文化对课程的人文资源开发价值

课程是教育的核心，课程具有地域性。早在一百多年前，杜威专为儿童设计的课程中就已包括社会经济研究和乡土历史探讨等课程。随着人们对地域文化价值认识的逐渐深化，地域文化课程被认为是推动社会发展、文化发展以及人的全面发展的一个重要途径。有研究者认为，“一方面，学校课程既是地域文化的产物，又是地域文化的动因；另一方面，地域文化既是学校课程的目标，又是学校课程的手段。”② 首先，地域文化是历史长期积累的结果，它塑造了地方独特的精神和内在气质，并以各种方式渗透进社会生活的各个方面，对人们的精神、心理、个性产生极大的影响。生活在一定地域文化中的人因此对当地的文化产生亲近感，所以在教育活动中，如果能合理地利用地域文化，使课程内容和学生的生活紧密联系，必将激发学生的学习兴趣，促进学生对课

---

① 郭贵春．建设具有地方示范作用的研究型大学的战略选择［J］．山西大学学报（哲学社会科学版），2012（3）．

② 陈大路，谷晓红．地域文化对基础教育学校课程的影响［J］．教育探索，2008（1）．

程内容的学习。其次，中国是一个历史悠久，地域辽阔，具有独特的地域文化的多民族的国家。每个地区拥有悠久的发展历史，形成了一定的地域特色的本土文化。应该将地域文化中的独特自然景观、民俗风情、民间艺术融入教育，发展当地固有的文化资源，为学生的健康成长与人文教育提供服务。

三、地域文化对学生的全面发展价值

一方面，学生的日常生活依托于地域文化，甚至与地域文化融为一体，因此，“地域文化是青少年校内生活与校外家庭、社会生活，现实生活与未来生活沟通的重要中介，是连接儿童和生活之间的一座桥梁”。① 通过了解本地区独特的地域文化，学生能够认识到当地文化存在的魅力和意义，了解本地区的历史成就和文化特色，使他们树立自尊、自信和自豪感，从而产生文化归属感和认同感。另一方面，地域文化促进学生的全面发展。有研究者指出，“地域文化对学生的意义在于：对地域文化的尊重，是教育关怀个体生命独特性的体现；它有利于学生形成正确而清晰的自我意识，缓解学生与课程之间的对立，激发学生的创新意识和创新能力。同时，地域文化还有助于教育者深入了解教育对象的特性，从而提高教育质量。”② 可见，地域文化对学生的个性发展、形成自我意识和培养创新能力等方面具有重要的作用和价值。

四、地域文化对教师文化性格的形成价值

教师生活在一定的地域，而生活在某一地域文化中的人具有地域文化性格。第斯多惠指出：“在教育时，必须注意人在其诞生和将来生活所在的地点和时间的条件，一句话，应注意就其广泛和包罗万象的意义来说的全部现代文化。”③ 所谓“地域文化性格”，就是指生活在一定文化地域中的绝大多数人所共同具有的带有倾向性的、稳定的心理特征。地域文化性格是该群体与其他文化区群体相区别的显著特征，它与个人性格不同的是，“地域文化性格”指的不是文化区中个别成员的性格，而是绝大多数成员的性格。地域文化性格具有延续性和传递性，它伴随着地域文化观念沉淀下来，并借助传统的力量传递下去。因此，处于一定地域的教师会带有那个地域的文化性格。④

---

① 王海燕．试论地域文化对学生发展的重要意义［J］．江苏教育学院学报（社会科学版），2005（6）．

② 王海燕．试论地域文化对学生发展的意义［J］．南京晓庄学院学报，2005（6）．

③ 张焕庭．西方资产阶级教育论著选［M］．北京：人民教育出版社，1979：63.

④ 陈婷．论地域文化的教育价值［J］．西北师大学报（社会科学版），2013，50（6）．

第三节　地域文化的教育现状及发展

一、地域文化的教育现状

众所周知，教育活动总是在一定的地域中实施的，因而有着一定的地域文化特征，地域文化的教育价值反映在多方面：既表现为教育机构，如学校因处于不同地域，运用着该地域的习俗、方言等，也体现为课程成为当地文化的构成，是学校课程中的一个有机组成部分。同时，教育对象，如学生来自不同的地域，将所在地域的形形色色的文化带到学校中来，也体现为教师因生活于不同地域，在教育教学中将其地域文化特征有意或无意地表现出来。因此，地域文化具有丰富的人文价值、多元文化价值和增强凝聚力等育人功能和价值，但在实际教育活动中，由于过于重视精英文化的教育价值，而很少体现地域文化应有的教育价值，其价值存在被遮蔽现象。

（一）对教育内涵的理解片面

任何教育都是基于一定地域的教育，教育具有地域性。通常认为，“因地理区域中文化构成因素和结构关系上的差异，不同地理区域有时会呈现出文化上的差异。地域文化直接表现为不同区域或地域间人们的语言、意识、思想、情感、心理等的不同。我国是一个幅员辽阔的国家，不同的区域、地域有着不同的文化特征，只不过这种文化差异有的明显、有的隐晦。”① 因而，不同的地域文化，造就的是不同的教育传统、教育形式和方法。然而，纵观对教育内涵的理解，或者基于政治和经济特征，或者基于人学和科学的角度，即便有从文化的角度理解教育内涵，也缺乏对教育的地域文化特征的关注，因而导致对教育内涵的片面认识，似乎教育与地域文化无关，或者关系不大，这样就遮蔽了地域文化的教育性及其教育价值。因此，对教育内涵的狭隘理解是地域文化教育价值遮蔽的首要因素。

（二）对地域文化教育价值的历史偏见

从中华人民共和国成立后到改革开放之前，我国的教育基本上被政治所左

① 郑金洲．多元文化教育［M］．天津：天津教育出版社，2004：57.

右，通过政治文化来实现育人几乎成为教育唯一的目标和价值取向，这样遮蔽了人的发展的整体性，使人的发展之路越走越窄。改革开放后，我国将发展经济，搞好经济建设作为中心任务，在教育领域通过经济文化实现育人占据了指导地位，经济文化的教育功能和价值越来越凸现出来。近几年尽管开始重视教育的文化功能和价值，但对文化的教育功能和价值的认识处于抽象的状态，这与我们认识的历史惯性和偏见有很大关系，实际上等于遮蔽了地域文化等具体文化的教育价值。但是，不可忽视的是，教育实现自身的价值和功能，除了政治文化、经济文化视角之外，还有地域文化的视角，如果缺少地域文化视角，教育对人的发展是不完全的。因为任何教育，它的改革和发展，它的价值和功能的实现都不可能在文化真空中进行，总是依托一定的地域文化土壤的培育、浸润、涵养才能生存和维持的。

（三）对地域文化教育价值缺乏认识

近几年人们已经开始从地域文化的视角关注教育问题，并获得了一定的研究成果。但是，以往的研究主题主要集中在：一是地域文化与学校教育的关系问题。主要探讨学校教育对地方音乐文化传承的影响；地方文化在学校教育中的传承与思考；吸纳历史地域文化，铸造学校个性；学校美术教育中的地方文化传承等等。还有如开发地域文化资源，深化基础教育课程改革；地域文化对基础教育学校课程的影响等等。二是地域文化与学校文化的关系问题。集中在地域文化是学校文化的背光；发掘地方文化资源，丰富学校文化内涵；学校是文化浸润的地方；挖掘地域文化，彰显学校特色；如何创设具有本地域特色的校园文化，学校文化建设要关注地方资源；利用地域文化资源，进行校园文化建设等等。三是地域文化与高等教育的关系问题。主要讨论地域文化对地方高等学校办学的作用；地方高等学校教育与区域互动发展研究；以江浙为例依托地域文化开展高等职业院校创业教育的实践等等。四是地域文化与育人关系问题。研究成果如用地域文化培育学生；挖掘地域文化，弘扬和培育民族精神；利用地域文化资源培养高职学生社会能力的实践研究；跨院校地域文化的创意文化培养机制；地域文化在中小学人文素质教育中的作用；地域文化对大学生素质培养的影响等等。尽管其中也不乏地域文化的教育价值的探讨，但研究远远不够，与应有的要求有着巨大的差距。由于研究不足所以很难凸显地域文化的教育价值。

二、地域文化的教育发展对策

（一）树立多元文化教育观念

观念是变革的先行。没有观念上的更新，行动上就难以开拓。没有观念上的融合，就没有行动上的融合。教育与地域文化的脱离，其主要原因在于人们的观念问题，即人们缺乏教育与地域文化相结合的多元文化理念所致。因而要实现地域文化的教育价值，真正发挥地域文化的教育价值，就必须转变陈旧的教育观念和历史偏见，树立新的多元文化教育观念。首先，不能把教育仅理解为学科内容，而要扩大到广义的教育上，包括学科知识教育、活动教育及各种形式、内容的学习和活动。其次，树立正确的教育功能、价值观念，把教育更深层次地作为各种文化的传承载体和手段，让学生对本地区以及其他地区的各种文化有更多、更深的理解和体会，为他们从小打下多元文化理念的知识基础，通过比较各种地域文化的特色和价值，培养学生尊重差异、合作包容的文化态度。再次，树立教育发展观念。从动态和整体视角去认识教育，强调教育本身也因地域及其文化变化而不断发展。树立了教育发展观念，就不会静止地、孤立地认识教育，从而实现地域文化的教育价值。

（二）教育管理重心下移

充分认识地域文化的教育价值，并发挥地域文化的教育功能和价值，不仅要有观念上的变化和更新，还要有组织管理保证。其中，建立相应的教育管理体制具有十分重要的意义。目前，地域文化的教育价值未能有效发挥，主要原因还在于缺乏相应的教育管理体制。因而要实现地域文化教育价值，必须下移教育管理的重心，给地方、学校、教师、学生乃至家长以参与教育发展的权利，增强他们对教育的自主权和选择权。当然，这样说并不是主张完全的自由主义教育管理，而是强调国家、地方和学校在教育价值观上的结合，强调更多的人参与教育的规划、设计、实施与评价。只有如此，把教育转化为一种激励社区、学校、教师和学生共同面对不断变化、发展的世界而去设计制定他们自己的教育，地域文化的教育价值才能落到实处。

（三）提高教师素质

教师是教育发展的参与者，更是教育教学的主体。因此，提高教师素质是保障地域文化教育价值实现的关键。因为，即便地域文化具有教育价值，如果教师素质低下，仍会导致地域文化难以发挥教育价值。因此地域文化教育价值的实现，还在于教师队伍素质的提高和培训，应有适合地域文化教育价值实现所需要的专业素质。目前，地域文化教育价值未能充分发挥，还在于缺乏一个具有多元文化素养的教师队伍。据此，广大教师一是增强“地域意识”，改变仅局限于单一文化的教育观，树立包括地域文化在内的多元文化教育观；二是具备准确估计学习者需要的判断能力，对学习者特殊的文化问题与困难及时做出反应的能力，对地域文化、社区文化以及学校文化、课程文化的协调能力，对地方课程资源的开发和利用能力，等等。这些能力的培养和培训应成为教师继续教育着力加强的主要方面。因而，应加强和改革师范教育，重视职前师范生的培养。学校应设置相应的专业，培养大专和本科层次的专业人才，并扩大和提高到研究生教育层次。同时，强化职后教育人员的培训。制定培训规划及其实施方案，开展培训工程，为教师开辟形式多样的以地域文化为基础的专业发展途径。

（四）加强学习者主体性的培养和提高

教育活动归根结底是教育者和学习者双方互动发展逐步实现的过程。从施教的角度看，教师是主体，而从受教的角度看，学生也是主体。地域文化所产生的各种影响要体现在学生身上，地域文化教育价值的效益和质量也要从学生方面表现出来。所以研究地域文化的教育价值，归根结底是研究学生怎样才能有效地学习，并据此设计相应的教育活动。离开了学生的主体性参与，再好的教育也会落空。而学生的主体性既表现在对教育影响和内容的内化上，更表现在学习行为的自主性方面。基于这样的认识，在实际的教育过程中，教育者就不仅要着眼于学生对教育内容的学习和掌握，而且要采取专门措施对学生的学习行为进行积极的干预，如开办讲座让学生了解和认识本地区的文化，通过参观体验本地区的文化，或通过研究性学习、综合实践活动课程等形式让学生了解和认识本地区的文化，并受到潜移默化的影响。总之，地域文化教育价值的实现，最终还要取决于学习者主体性的培养和提高。

（五）构建多样化的育人体系

1. 在物质文化中渗透地域文化，做到环境育人

物质文化是校园文化的表层表现形态，是以物化形式存在的一种文化，主要包括教学环境、人文自然景观、基础设施、传播设施等。物质文化作为一种实体文化，不仅是校园文化的物质符号，而且以一种超语言的方式传递着教育价值。学校的每一面墙、每一条走廊、每一间教室、每一扇橱窗都是影响人的教育力量，时时刻刻都在育人。物质文化的积极作用能否有效发挥，主要取决

于它所蕴含和传递的文化价值。不同的地域文化孕育了物质文化风格鲜明的大学，如融入齐鲁文化的山东大学、弘扬湖湘文化的湖南大学、倡导闽南文化的厦门大学等。因此，地方高校应该根据自己的办学条件，充分利用地域的历史文化资源，形成别具一格的校园物质文化，展示地域的文化特征，通过这些物化的"文化生命"对学生起到陶冶、启迪、感化的作用。在教学环境方面，可以通过教学楼、实训基地中的文化长廊、提示板、横幅、挂像、标语等载体让学生在情境中感知、体会地域文化；在人文自然景观方面，广场、雕塑、亭台、山、水、园、林、路等载体的命名可以保持鲜明的地域特色；在基础设施方面，可以在学生公寓、食堂、运动场等载体中注入地域文化的内涵；在传播设施方面，利用网站、多媒体、校报、学报等平台宣传地域文化，使地域文化以物化的形态在校内外传播。

2. 在精神文化中融入地域文化，做到精神育人

精神文化是校园文化的深层表现形态，是校园文化的核心和灵魂。精神文化作为一种内隐文化，既看不到也摸不着，但它却又以一种无形的力量对校园文化的发展产生实质性和根本性的影响，其内容非常丰富，主要以办学理念、校风、学风等形式存在。大学精神文化有共性和个性之分，"共性是指大学所普遍具有的精神，而个性则是指大学结合自身传统、地域文化、时代背景等所形成的独特价值追求和行为规范"①。地方高校在精神文化的建设过程中，可以充分利用地域文化元素，汲取地域文化精髓，逐步形成地域文化育人的环境。一方面，地方高校要确立富有地域文化特色的办学理念，将地域文化精髓融入人才培养方案，更好地服务地域经济发展；另一方面，地方高校要凝练具有浓郁地域文化特征的校训、校徽、校歌，形成独特的校园文化识别系统，融入学生的日常行为中。

3. 在制度文化中强化地域文化，做到管理育人

制度文化是校园文化建设的重要范畴，是实现校园文化建设目标的内在保障机制，对学校师生的行为方式具有引领和规范作用。制度文化是校园文化与地域文化进行有效融合的制度保障，因此，地方高校要充分寻找地域文化与学校制度文化的契合点，将地域文化传承和创新工作纳入学校教学、科研、管理的规章制度中。一是在教学管理制度中推进地域文化进课堂、进教材、进头脑的"三进"活动，将其纳入学校的理论教育体系与实践教育体系，组织专家编写地方传统文化教材，既可以作为基础课开设，也可以作为选修课开设，还可以灵活融入思想政治理论课、语文课等文化基础课或专业基础课中，让学生

① 蒋晓虹．大学精神：大学品牌的核心［J］．教育发展研究，2008（Z1）．

对地域文化的了解从零散走向系统，营造诠释和传播地域文化的教学氛围。①二是在科研管理制度中将地域文化的研究作为一项常规工作，将其纳入学校的科研体系，设立地域文化研究中心，深化对地域文化的开发和保护，使学校成为整理、搜集、研究、展示地域文化的重要阵地。三是在学生管理制度中渗透地域文化元素，完善第二课堂学分认证体系，将学生参与地域文化传承的社会实践活动纳入学分制的范畴。

4. 在行为文化中突出地域文化，做到实践育人

行为文化是校园文化建设的关键，是物质文化、精神文化、制度文化的动态表现。校园文化活动是行为文化的主要表现形式，学生的参与度较高，受众面较宽。在活动中有机渗入地域文化的内容既能为传承弘扬地域文化提供有效载体，又能提升活动的文化品位。因此，地方高校可以利用地域文化资源，开展丰富多彩的校园文化活动，使学生在活动体验中加强对地域文化的认同感与归属感。一是在社团活动中凸显地域文化，通过辩论会、演讲比赛、故事会、书画展等活动形式，加深学生对地域文化的了解；二是在文化艺术活动中传承地域文化，一方面通过校园文化艺术节活动，展示地域文化中的工艺、艺术、文学、语言、风俗习惯，另一方面通过邀请具有地域特色的民间艺术团体进校园、承办地方赛事等方式开展文化交流活动，让学生感受地域文化的魅力；三是在学术活动中传播地域文化，通过有关地域文化的专家讲座、学术研讨、知识竞赛、报告会等活动形式，激发学生学习地域文化的兴趣；四是在社会实践活动中感悟地域文化，组织学生参观地域文化教育实践基地、遍访地域文化足迹，开展地域文化调查，增强学生对地域文化的感性认识。

（六）构建教育评价反馈和监控系统

增强地域文化的教育价值，必须从更为宽广的视野去审视教育构建和实施的诸多环节及其过程。地域文化教育价值的实现，不仅需要共同的思想基础、统一的组织保证，还需要有教育评价反馈和监控系统的保证，以防止教育活动的随意性。目前，地域文化的教育价值不能有效发挥，还与缺乏相关的评价反馈和监控制度以规范和保障其运行有关。为此，要特别注意加强教育研究者与决策者、教育者和学习者之间的联系。譬如，在地域文化教育研究中，如何在研究中体现实际要求？怎样才能以合适的方式展开研究，并使研究成果得到应有重视？如何尽可能消除教育研究者与决策者、实施者之间的障碍，形成一种有效的交流机制？这些都是教育研究者需要认真思考和解决的理论与实践问

① 范忠永．地域文化现代教育价值的思考［J］．科教文汇（下旬刊），2015（3）．

题。此外，还需要强调的是，在加强教育研究的同时，还应建立教育评价反馈和监控系统，及时了解地域文化教育价值实现的过程中所出现的各种不适切的问题，为进一步增进地域文化教育价值的有效性提供咨询和指导。

第三章　优秀传统文化中的武术文化

武术文化一直是优秀传统文化的重要组成元素，也是弘扬体育精神，培养优秀体育人才的重要文化教育形式之一。中国武术文化博大精深，本章即从传统武术的文化特征、作用入手，对传统武术文化的当代发展境遇、教育价值、学校教育现状及其与现代体育的融合发展做出分析。

第一节　传统武术文化概述

一、传统武术的定义与分类

（一）传统武术的定义

传统武术源于中国，是中华民族优秀传统文化的组成部分，是世界公认的中国符号。传统武术的发展，伴随和见证了中华民族文明的历史进程。因此，发展和弘扬传统武术，具有振兴民族文化、促进中外文化交流的重要意义。关于传统武术的定义，有多种说法。学者周伟良先生认为，传统武术是农耕文明的产物，是一种注重体用兼备的中华民族传统体育活动。它以练习套路招式、功法为主，以家传或师徒传承为主要方式，以提高技击能力为主体价值。① 温力先生认为，随着现代竞技体育的产生与发展，竞技武术随之出现。由于竞技武术与民间流传的武术区分越来越大，人们便将在民间流传的武术称为传统武术。② 范国平先生认为，传统武术是一种集修身养性、防身自卫娱乐审美为一

① 周伟良．简论传统武术的思维方式［J］．社会科学论坛，2007（11）．

② 温力．中国武术套路产生的传统文化背景［J］．体育科学，1992（3）．

体的，富有浓郁的民族传统特色的身体活动。它以中国传统文化为理论基础，以技击训练为核心内容，以掌握攻防技击为主要活动目标，体用兼备，打练结合。[①] 单锡文先生认为，传统武术是中华民族经过长期实践逐步积累发展起来的，富有浓厚民族特色的民间武术各流派技术的总称。它以中国传统文化为理论基础，以功法套路、格斗为内容，以健身防身、养生为主体价值。[②]

尽管学者们对传统武术的界定各不同，但是大体都包含以下内容：

（1）是一种中华民族传统体育；

（2）以传统文化为理论基础；

（3）以技击练习为主要内容。

学者们关于传统武术定义的解释，有益于提高和深化人们对传统武术的认识。为了揭示出传统武术的内在品质，并为本文阐释传统武术文化提供有力的逻辑起点，在此将传统武术定义为：传统武术是以农耕文明为诞生背景，以民间习武群落为主要依托（直至现在），以“源流有序、拳理清晰、风格独特、自成体系”的拳种为基本单位的各种武术门派的总称。

（二）传统武术的分类

1. 根据传统武术的特点划分

（1）少林拳系

少林拳是外家拳的一种，以长拳见长。少林拳基本上都是由遁入空门的民间武术家传授发扬而来，比较有代表性的是包括龙拳、虎拳、鹤拳、豹拳和蛇拳的“少林五拳”。进行更为系统、具体的划分，少林拳系可分为小洪拳、大洪拳、罗汉拳、梅花桩、炮捶等几十种少林拳法。众多的少林拳法，与少林特有的刀、枪、剑、铲、棒等器械的技击法以及少林易筋、阴阳功、混元—气功等气功一样，都是少林武术的重要组成部分。

（2）武当派

在中华传统武术中，武当武术是以柔为主，主张以柔克刚，讲究内功心法。武当武术起源于元末明初，盛行于明末清初。武当功法不讲求进攻，以自卫为主。武当拳的风格特点是以静制动，以柔克刚，以短见长，以慢击快。武当拳最具有代表性，且最为著名，就是在后世衍生出许多分支且对后世传统武术有着极大影响的太极拳。武当的主要技击特点是动作小、变化大、以柔克

① 范国平．论传统武术与现代竞技武术的和谐发展［J］．西藏体育（汉文版），2006（3）．

② 单静怡，梅杭强，单锡文．透过传统武术的现代价值功能谈传统武术的发展［J］．武术科学（《搏击》）（学术版），2006（1）．

刚、借力打力。攻防时交叉使用以静制动和以动制静，多顺势前钻，借力反击，以快取胜。

（3）昆仑派

由于昆仑派在一开始表现出的最大特点是炼丹制药，这使得它在许多人的印象中与神仙道术关系密切，后来的二郎拳、大圣拳的命名就受到昆仑神仙道术的影响。但炼丹制药毕竟是不切实际的，所以昆仑派发展到后世也慢慢出现了自己的武术套路，昆仑武术发展至成熟后，其主要的作用转变为了强身健体。昆仑派是传统武术中武器使用的集大成之派，其武术特点是使用各种小巧精致、携带方便的兵器。在交手中这些兵器往往不易被对方发现，有出奇制胜之效。昆仑派武术讲究的是实打实拿，目的是为了以技击的运动方式强身健体、增加功力。

2. 根据传统武术的运动形式划分

（1）套路运动

传统武术套路运动是以踢、打、拿、击、刺等为基本动作，并在整套练习中融入了攻守进退、动静疾徐、刚柔虚实等矛盾运动的变化规律。传统武术的套路运动按演练的形式可分为单练、对练和集体演练三种类型。

一是单练，即个人独自练习，包括徒手的拳术与器械运动。

中国拳术是中国古代民间的一种徒手技击术，其在各个历史时期的发展也有所不同。拳术讲究的是力道与套路，记载于史料中的拳术内容，主要包括“手搏”“手足”“角抵”等。从传统武术的产生与发展这一角度来看，拳术的历史在剑术之后。拳术的发展始于汉朝时期，在当时，为了平定匈奴之乱，汉武帝命大将卫青、霍去病率军远征匈奴。漠北之役，匈奴军死伤七万余人，元气大伤，此后无力南下。中原人民想要与匈奴交战，必须首先解决体质相对较弱和民族精神柔弱的问题，中国拳术是在这样的历史背景下形成和发展的。在以后的武术发展中，拳术的地位逐渐上升，发展越发迅猛，并慢慢形成了各种拳术套路。中国拳术可以分为四大类：一是形意拳、八卦拳类；二是通背拳、翻子拳、劈挂拳类；三是地躺拳、象形拳类；四是少林拳、太极拳各门派的传统南拳以及查、华、花、豹、燕青、戳脚等其他拳术。

器械运动是指手持武术兵器进行练习的套路运动。传统武术中使用的器械主要包括各种兵器及练习传统武术时的附属辅助用品。器械主要由古代兵器演化而来，除了用于实战外，在其发展过程中也常被用于演练防身或健身。器械的种类繁多，大体上可分为短器械、长器械、双器械和软器械四种。短器械主要有剑、刀等，长器械主要有枪、棍、大刀等，双器械主要有双刀、双剑双钩、双枪、双鞭等，软器械主要有三节棍、九节鞭、绳标和流星锤等。

二是对练，即两人或两人以上的对手练习，包括徒手对练、器械对练及徒手与器械对练三种形式。

徒手对练徒手对练是指运用踢、打、摔、拿、推等技击动作，按照攻防格斗的运动规律组成的拳术对练套路。在进行徒手对练的过程中，会经常使用拳法技术、腿法技术及摔法技术。常见的对练形式主要有对打拳、对擒拿、南拳对练、形意拳对练等。

器械对练器械对练是指以器械的劈、砍、击、刺、缠等技击方法组成的对练套路。主要有对刺剑、对劈刀等的短器械对练，三节棍进棍等的长器械对练，单刀进枪等的长短器械对练，以及双匕首进枪等的单双器械对练等。

徒手与器械对练徒手与器械对练是指双方在练习中一方徒手，另一方持器械的攻防练习套路，如常见的徒手夺刀、徒手对三节棍、徒手对双枪等。在进行徒手与器械对练的时候，练习者必须具备扎实的基本功较强的协调能力以及良好的心理素质。相对于前面两种对练，徒手与器械对练有着更高的难度。

三是集体演练，即多人集体进行的徒手、器械或徒手与器械的演练形式。

集体演练是以武舞为雏形，经过历代的传承和发展后最终演变而成。据《东京梦华录》所记载，宋代有化装集体演练，少者多数，多者近百人，演练时，有的披发，穿青纱，一人带花帽，执白旗，“余皆头巾，执真刀。互相格斗，击刺，作破面剖心之势”或“两两出阵格斗，作夺刀击刺之势”。

(2) 技击运动

散打，一般专指外家拳类的技击，是一种格斗对抗形式。在中国的不同历史阶段，散手有不同的称谓，如相搏、手博、白打、对拆等。由于散打的实战多在擂台上进行，因此在中国民间还有“打擂台”之称。散打是与整套套路相对而言的，散打中的攻防技击动作均是从套路中抽出来的，通过单独的训练，进而转变成独立的外家拳术技击动作，如拳打、脚踢、擒拿和摔跤等。

太极推手也称打手，是太极门的技法训练项目。在训练的过程中，对练的两人需按太极拳原理和技击化解对方劲力，使对方失去平衡。它不使用有距离击撞的打踢技法，而是从双方上身接触后发动。太极推手用的是巧劲而不是硬力，讲究“粘连粘随”“不丢不顶”“以柔制刚”“四两拨千斤”。它多以弧线运动化解对方的直线之力。相对于其他拳法，太极推手的训练更为安全且不受场地的限制，因此深受广大群众欢迎。

(3) 短兵和长兵

短兵是指两人各手持一种特制的短器械，遵照一定的比赛规则，进行对抗的竞技项目。长兵是指两人各手持一种特制的长器械，遵照一定的比赛规则，进行对抗的竞技项目。

二、传统武术的文化特征

（一）哲理性

中国传统武术的指导思想是中华民族传统的“天地人和”“天人合一”的哲学思想，蕴含着很强的哲理性。“天地人和”“天人合一”为一种道家思想，是庄子思想的精髓，讲求的是天、地也即自然与人的和谐统一，认为人与自然本质是一体相通的，人应顺应自然方可获得生存与发展。[①] 人为万物之本，人者，做人也，亦为为人处世，人存于天地之间，上敬于天，下立于地，中国传统武术文化推崇的思想即做一个顶天立地之人。“和”则为“和谐”之意，“和”者天下之达道也，在中华民族传统处世观念中其核心文化思想即为一个“和”字。“天地人和”“天人合一”将人置于天地之间，人将与自然合为一体形成一个和谐的世界，追求一种人与自身、人与社会、人与自然之间的和谐与统一，阐述了中华传统武术文化的一种思想以及一种精神境界，如武术训练中讲究“内练精气外练筋骨”“内外兼备、形神合一”，倡导练功时身处大自然，吸收天地自然之气，以更好达到练功的目的。

（二）和谐性

和谐是在一定条件下不同事物之间相辅相成、互促互补以及共同发展的关系。人处于自然之中，是自然的一部分，并与自然形成一个有机的整体，但人也服从于自然界的客观规律，追求与自然的调谐。中国传统武术起源于人们的生产劳动，融合了不同区域、不同群体的不同意见想法，同时亦受到自然环境与社会观念的影响，是中华民族人民的道德、理想、智慧与自然规律的融合，是人类利用自然规律并与自然和谐相处的一种动态元素。据史料记载，中华传统武术光拳种便有一百七十多种，拳种的多样性与复杂性，便是体现了社会的多样性与自然规律的复杂性，也是中国传统武术与自然界规律一致性的深刻体现。[②] 如太极拳中的野马分鬃、白鹤亮翅等招式便充分体现了人在自然界中的和谐思想，而传统武术中讲究的动、静、起、落、轻、重、缓、急等则体现了中华民族对自然规律的理解与应用，更体现了人与自然的和谐与统一。

---

① 卢泓锦．天人合一的哲学思想分析［J］．商情，2018（5）．

② 何运星．中国传统武术文化特征与传承［J］．赤峰学院学报（自然科学版），2017，33（2）．

三、传统武术的文化作用

（一）人格塑造

社会的进步对人的要求越来越高，强健的身体和丰富的知识被视为现代社会强者的标志。在现实生活中，许多人由于片面追求外在形象，而在道德情操、责任感和使命感等内在人格思想方面显出不足，这不仅影响了人们的意志和自身价值，而且也影响到了整个社会的进步。传统武术具有典型的东方文化特征，注重个人内心世界的深化，在习练中也十分重视人格的修养，武术中的这些文化思想对塑造人格可以起到很好的补充作用。① 在传统武术的习练过程中，习武者必须要在提高自身道德修养的前提下才能接受师父的功法传授。“千里赡急，不吝其生”为重义；“言必行，行必果，已诺必诚”为守信。重义守信是习武者实现自我价值的主要途径，也是显示武术社会价值的重要方式。此外，不少习武人都有一种凛然不可侵犯的正气，这是武学中“神”的外在表现，也是“道”与“艺”的综合体现。“谦和仁爱”是指习武者必须具有相当的修养，遇事要能忍让，不到万不得已的时候不得与人交手。即使被迫应敌，在一般情况下也不得骤施杀手。总的来说，传统武术的修炼过程是一个内外兼修的过程，要练成上乘武术必须在道德方面达到较高的境界，这使得习武者需要自觉提高自身道德修养。

但值得注意的是，这里所说的武术注重内在人格的修养，并不是传统文化伦理中的那种“中庸和平”的人格（文弱、温顺受人牵制），而是在当前时代背景中要求人们具有的一种全面发展的人格，既具有健康的身心、较强的工作能力，能坚持积极进取的人生态度，又具有强烈的责任感、使命感。此外，传统武术强调人与自然、人与社会、人自身内外的和谐统一，这些对当代社会人们塑造全面的人格都起到了潜移默化的作用。

（二）德艺统一

中华武术武德观念最为鲜明地表现为“德”与“艺”的统一。我国传统文化历来提倡社会和个人道德理想的实现。无论是儒家还是道家都将追求个人的自我完善看作生命价值之所在。而对于有“礼仪之邦”之称的中华民族，在其创造的文化中，道德水准常常被作为评价社会进步和发展的标准。传统武术由于受传统文化影响，在长期的发展过程中形成了独具特色的道德要求和评

① 李昕．论武术训练对学生成长发展中的人格塑造与身心影响［J］．体育时空，2017（7）．

价体系，形成了传统武术文化的一道绚丽的风景线。一般而言，在传统武术练习中，人们很重视对武德的考察，甚至在某种程度上“武德胜过武技”。传统武术谚语中“未曾学艺先学礼，未曾习武先习德”的要求，充分显示了武德教化在武术传授过程中所表现出的“道德至上”的文化特征。①

综观我国传统武术的各个项目，均能呈现出东方文明的气质——争斗而有礼让，有劲而不粗野，艺纯熟而不玄浮，情饱满而含蓄内向，富于观赏且追求高尚的精神气质。传统武术所显示出的美，也具有东方文明的特点，即以优美为主（如套路表演），与西方文明所突出的壮烈惊险、富于强烈刺激性的审美观构成鲜明的对照。可见，传统武术中“德”与“艺”的统一，使武术在其本质特征之上，又渗入浓厚的理性因素。

（三）文化传承

传统武术在几千年的发展进程中，深深地熏染了中国传统文化和东方哲学思想，并以此来构筑自己庞大的科学体系。因此，无论从拳理拳法，还是具体动作中，都能强烈地感受到中国传统文化的气息。武术凝聚了中国传统文化的内涵，并体现了中国传统文化特征。可以讲，武术系统地继承了中华民族的传统文化。

传统武术文化是我国传统武术观念形态、武术的运动方式和武术精神的物化产品的总称。中国传统武术文化作为武术观念形态，反映着人们的世界观、思维方式、心理特征、价值观念道德标准、认识能力，是民族精神的结晶。中国传统武术文化可以不断地物化在某种物质上，凝结在武术技巧、武术器械、武术训练方法及规则、服饰、场地等物质的、制度的和理论思想等诸构成因素中，并通过人的武术运动方式和精神文化产品反映出社会的价值观念、道德观念、心理特征和思维方式等。②

传统武术文化不是一个凝固的概念，在历史传承中它会发生变异，不仅需要增添新的内容、新的典范，而且需要对异质文化的吸收和融合。毋庸置疑，中国传统武术文化同西方体育文化的差异和冲突是明显的，西方体育文化是以古希腊文化为发展背景的，经过欧洲文艺复兴和 19 世纪以来的工业革命，形成了一种以自由竞争、平等博爱和宗教思想为核心的海洋性民族文化。在其影响下，几乎全部的西方现代体育项目都有这一特征。而中国传统的武术文化，是以自然经济为基础、以家庭为背景、以儒家思想为核心，是一种处于封闭状

① 刘程程．武术与民族传统体育专业学生武德教育的重要性与对策［J］．运动，2019（5）．

② 秦清俊．传统武术文化传承与发展研究［M］．长春：吉林人民出版社，2012：27.

态的大陆性民族文化。这种文化的特点是主张仁爱忠恕，提倡温文尔雅，反对激烈的对抗与竞争，追求一种与世无争的清静无为的田园生活。但从技术层次来讲，从科学技术发展的水平看，东方文化是大而化之，比较粗糙，唯象的东西多。西方文化则比较具体、精微，唯理的东西多，强调以定量方式搞清楚问题。因此，应该看到东西方文化的差异与特色，在保持自己独立性和尊严以及民族风格的前提下，认真对西方体育文化进行吸收和消化。

随着改革开放的进一步深化，我国已逐步融入世界。随之而来的是不同民族文化之间的碰撞与渗透。因此，在这一文化交流活动中，武术充当了很好的载体。武术作为“中国人”的象征，是中华文化的典型代表，是中华民族精神所在文化的延续。因此，继承传统武术是中华民族自立于世界民族之林的前提。

第二节　传统武术文化的当代发展境遇

一、文化全球化背景下的传统武术文化发展

文化全球化有利有弊，是一个矛盾的统一体。它是世界各国文化交流的平台，也是霸权主义施展的途径和文化冲突的催化剂。由经济全球化带动形成的“中心—边缘”的发展格局，必然导致世界文化发展的两极化冲突。一方面强势的西方霸权主义国家对处于弱势地位的国家进行文化侵略和挤压，抢占本土文化的地位和生存空间；另一个方面是各民族本土文化为捍卫其自身文化地位，谋求发展，坚决抵制西方霸权文化，拒斥西方霸权文化。从现如今的世界各国发展来看，西方霸权的经济资本雄厚，使得其在文化冲突上处于绝对的强势地位，那些经济资本遥遥落后的弱势国家在这场文化冲突中自然“不经摔”“不抗摔”，其文化地位岌岌可危。

民族文化是一个民族的民族精神，是民族之根，也许一场激烈凶狠的军事战争打不倒一个民族，但是一场无形的民族文化战争却可以从根本上打败和摧毁一个民族，因此，民族文化尤其重要，在这个文化日益全球化的发展时代，要十分重视本国和本民族文化的发展，力求不被文化洪流所吞噬。文化全球化发展下的世界各国，文化资源和文化权力争夺的战争也日益激烈。韩国将端午节申报世界非物质文化遗产，这警醒了中国人民要勇敢站起来捍卫和保护自己国家的民族文化。自然，传统武术文化也应该警惕起来，不可轻视这一场文化

争夺战争。如今，越来越多的国家崇尚和推行中国武术，他们大声呼喊中国是为武术大国、武术的祖先，对中国武术进行全方位的学习、研究和推广，但又大言不惭地论断中国再无力支持武术的发展，更有人认为太极拳发源于中国，今后发展定在他国。

同时，也有许多外来武术文化乘着奥林匹克的春风吹入中国广大地区，并逐渐传播渗透。在此情况下，传统武术文化就必然会面对外来武技文化是否会影响国内武技文化，抢占及挤压其在生存空间这一严峻问题。比如时下流行的跆拳道，创于韩国，但如今却大热于中国的大街小巷，国内大大小小的健身馆或俱乐部都设有跆拳道这一项目，并且深受大众追捧。现代社会下的年轻人追求现代体育文化，更能接受“快餐式文化”，而忽视晦涩难懂的传统武术这一老祖宗传下来的旧时文化。就这样，传统武术对国民的影响力不增反减，后继传承者也愈来愈少，不再居于“宠儿”地位。这一现象带来的结果是，外来武术风靡全国，武技、道馆遍布全国，而传统武术却无人问津，门庭冷清。

从传统武术文化现今的历史境遇来看，其存在和发展阻碍与弊端良多，危机不仅是外源性的，也具有内源性，形成两者并存的局面。其内源性危机为农耕文明社会培育的土壤不再，武术大家们缺乏继承和传播者。外源性危机为如今的奥林匹克之风和全球化的发展脚步下外来武技发展壮大挤压、抢占本土武术技艺的生存空间。由此可得，为应对当下危机，传统武术就必须扎根于当代土壤屹立不倒，既要勇于批判指出传统武术文化存在的弊端，又要积极主动去发掘具有时代精神的文化要素，为传统武术文化的发展谋求一条新的发展和转型的道路，使其在当前文化全球化时代的境遇下华丽蜕变，并散发更美的光芒。①

二、社会转型期背景下的传统武术文化发展

现如今，我国正处于社会转型的关键时期，“从社会的基础性结构上看，当代中国社会正在从农业社会转向工业社会；从社会的前导性结构上看，当代中国社会正在从工业社会转向信息社会；从社会的生活方式结构上看，当代中国社会正在从匮乏型社会转向发展型社会；从社会的经济类型结构上看，当代中国社会正在从计划经济社会转型市场经济社会。”②

多重性的社会转型也带动了传统武术文化的发展，其生存境遇随之发生巨

① 王耀文，成英，逯中伟，等．武术文化传承与教育研究［M］．北京：光明日报出版社，2015：41.

② 徐艳玲．科学社会主义学［M］．济南：山东大学出版社，2013：248.

大变化，主要体现在以下几个方面：

首先，农业社会本身具有落后性和封闭性，其最终被更为先进和开放的工业社会所取代，并在快速的发展下，脱去匮乏型社会外衣，而逐渐成长壮大为发展型社会。随着物质文明和精神文明的发展，一些无形文化慢慢淡出人们的视野，最终极尽消亡。作为经验主义和自然主义的传统文化，在这一发展变化的历史洪流中自然也不能挣脱这一规律，这使传统武术文化在这一关键的社会转型的前进道路上步履维艰。

其次，中国工业化进程崇尚科学、理性和严谨，这也使得当前社会环境下人们的文化价值观念趋于科学理性。而传统武术文化尚不能用理性与科学去理解和学习，其讲究“口传、身传、心授、心悟”，与现代科学精神文明相去甚远。形意拳名家李仲轩认为：“学形意拳是要师父带着徒弟一个对一个地带出来，就算写成文字全部公布，要没有实际练拳的体会，也难以明白，而且在教拳时，有时做一个表情，一个动作，就能让徒弟明白，而转化成文字则难度太大。”① 从其对形意拳的描述可窥见这种“悟道”及其活体传承的传统武术文化有悖于科学和理性精神，在工业社会的道路上是很难留下扎实脚印的。因此，在当今社会背景下，这种被人们认为是封建社会产物农业社会残留的传统武术，是很难被认可和接受的，年轻人追逐新颖和潮流，对过去守旧的传统武术自然不屑一顾，这阻碍了武术的传承，使得武术文化后继无人，并且由于老一批武术家年事高而相继离世，技艺流失，传统武术已迫于灭绝，这种传统武术现状着实堪忧。

三、保护与传承语境下的传统武术文化发展

（一）加大传统武术文化的保护力度

格斗与搏杀为武术的本质，其中有一些被改造使其适应于大众健身需求，而更多的传统武术招式并不适于广大人群，其中招法及训练方式难懂难学，需要真正热爱武术，且具有武术精神，不惧清贫与寂寞的人才能挑起武术传承的历史使命。过去，我国也曾开展声势浩大的“传统武术挖掘整理”工作，然而并不能一蹴而就，做不到“毕其功于一役”，它是需要时间去反复连续推进的历史性工程。传统武术与当代竞技武术的发展联系出现断层，过去的挖掘整理所得成就配合不了竞技武术的发展，最后这一浩浩荡荡的工作成果不能得到相应的重视及应用。

---

① 王国成．传统武术文化传承与发展研究［M］．北京：华文出版社，2017：39.

因此，在传统武术文化发展日益凋敝的今天，其作为一种重要的民间文化应该加大保护力度，能留则留，应弃则弃。利用相机等现代数码科技及文字记载来保留武术文化印记。其中尤其重要的是，应当妥善科学地保护那些抢救得来的珍贵原始资料及重要文物，最好投入一定的资金及人力修建相关武术博物馆或民间资料馆，更好地收集及保存传统武术文化的珍贵资料。除了保存武术文化资料外，还要尽可能做到资料中武术技艺得到流传推广。传统武术文化的传承任务需要人来完成，如果失去人这一主体便成为一纸空谈，因此要大力寻找真正热爱武术的人群，将希望寄托在这部分人身上，借他们对武术文化不可动摇的情愫以及忠诚于武术的崇高精神来捍卫武术文化的尊严。

（二）推动传统武术文化资源的教育转生

自古以来，传统武术都是一个珍贵难得的教育资源，而随着时间的演进，人们似乎都忽视了武术的价值，武术教育也成为一潭死水。假使我们不及时推开武术肩上的沉重负累，挽救和光大武术身上种种珍贵的教育资源，那如何对得起中华民族流传下来的宝贵遗产？武术在过去以冷兵器为主的战争年代，注重保护人的性命安全，在当今社会，也依然关注人的生存和发展，虽然现在这个时间条件下武术不再以技击为本，然而不管历史如何演变，传统武术都不会且不曾脱离“武以成人”的价值准则。武之务为“和”心，而“和”心在于行适，致力于培养光明正大和堂堂正正的个人品格，养成豁达开明的胸襟。武术本身不单单指搏杀和技击，其教育价值也不可忽视，这就需要武术研究者对其进行充分研究并做出剖析和诠释。由此，更应该利用现有的条件，取其精华，去其糟粕，勇于实践创新，使武术教育资源在这个时代也能焕发出新的生机，展示它迷人的魅力。

这个时代下的武术更加注重的是人的生命和人格健康。人为主体，它支配着自身一切的生命活动，是具有双重生命的存在。由母胎呱呱坠地，父母给予的自然的第一次生成为其一；在第一次的基础上伸展超越的生命为其二。一个完整的人不会完成于人的第一次生成，它还需要进入第二次生成。

人的内在的二次生成尤其重要，必须引起重视，要脱离以往“物”的教育，转变为“人”的教育。“物”的体育即为“人”的体育，简单来说，就是让体育的走向更加人性和人文化。当代社会的人，需重新认识“人”的意义，不断完善自己，做一个“完整的”人，不为这个“物化”的世界所烦乱，教育与教化应并驾齐驱，共同前进和发展，不然教育就失去了其本身的意义。如现在颇受争议的“应试教育”，它培养出了很多高分低能的学生，在对学生的教育上，只注重对学生知识和技术的教授和灌注，而在对学生的道德教育培养，对社会的理解、指导等方面却实在做得少之又少。

“武以成人”在人生境界的熏陶和培育方面可算是哲学教育的一种，它与当下的个人素质教育有共通之处。① 武术就是指其武术本身，武术就是武术，它并非养生文化或其他的娱乐和戏曲文化，更非竞技运动，武术对人的影响并不只是德育和美育。武术教育在现今，不仅仅是“教”，它更突显“化”的作用。武术的“教”不是一味地知识灌溉，而是循循善诱和步步指导，通过“武”，对人的人生意义之“觉”和“悟”进行亲切指导和点化。武术教化注重对人的“意志品质”的锤炼，不是他律意义上的灌输说教，而是使人能够完成自律意义上的生命管理。

第三节 传统武术文化的教育价值分析

一、传统武术文化的德育价值

（一）知礼

无论是传统武术的切磋武技还是现今武术比赛的演练，初始都先要进行“抱拳礼”以示尊重及礼让。武术文化中抱拳礼的含义就是：右手握拳，寓意尚武；左手掩拳，寓意崇德，以武会友；左掌四肢并拢，寓意四海武林团结奋进；屈左拇指，寓意虚心求教，永不自大；两臂屈圆，寓意天下武林是一家。② 单单一个“抱拳礼”就体现了中华民族“礼仪之邦”的大国风范。因而，在武术教学中，不仅要教授学生武术的基本动作，还要将动作中所涵盖的礼仪、道德意义讲给学生，让学生在学习武术动作的同时潜移默化地汲取武术所包含的文化。形成礼让的竞争观，讲求不为人先、大义服礼、先礼后兵的大将风度。

（二）尚德

“未曾习武先习德”，传统武术始终把武德列为习武的先决条件。武德不

---

① 王岗．中国武术文化要义［M］．太原：山西科技出版社，2009：220.

② 周勇，马学剑，张伟．武术抱拳礼的文化内涵及当代影响［J］．运动精品（学术版），2018（8）．

仅是对习武者的最初要求，也是对习武者“学武先学德”“尚德不尚力”这一武术最本质的文化内涵及传统道德的要求。武德包含了“仁、义、礼、信、勇、忠、孝”的儒家思想精华。“仁”就是要让学生学会仁爱，学会为他人着想；“义”就是要让学生正直善良，不恃强凌弱，面对邪恶时能够勇敢地站出来宣扬正义；“礼”就是让学生知书达理，尊重师长，尊重同伴；“信”就是要让学生学会诚信，从小就树立诚信意识；“勇”就是让学生学会顽强、学会坚韧，传统武术之勇不是暴力表现，而是正义凛然的大无畏精神以及在生活、学习中勇敢地面对困难与挫折；“忠”就是让学生学会忠诚，这里的忠诚不是封建思想统治下的“愚忠”，而是在纷杂的花花世界里能够执着于自己的理想，不因外界因素的侵扰而轻易改变以及为中华民族的繁荣昌盛而独断努力；“孝”就是让学生学会孝敬父母，孝敬长辈，“百善孝为先”一直是中华民族的传统美德，试想，一个连自己父母长辈都不孝顺的人，如何能善待他人，忠诚于自己的国家。

传统武术文化所蕴含的“武德”并非一朝一夕就能诠释清楚，而是要靠学生日积月累不断地练习武术动作，渐渐体悟一招一式中包含的武德精神。

（三）自强不息

民族精神是一个民族的生命力、创造力和凝聚力的集中体现，是一个民族赖以生存和发展的核心与灵魂。“天行健，君子以自强不息”。传统武术将这一民族精神深深融于传统武术文化以及传统武术各项技术的学练过程。技术的掌握及提高并非一朝一夕就可速成，艰苦的学练过程才能磨炼学生的意志，培养学生自强不息的精神。

（四）谦逊

西方体育文化充分强调“竞争”意识，强调个性的彰显，在这样的体育文化熏陶下，学生就显得个性有余而谦和不足，中国传统武术文化包含着谦让、含蓄这一中华民族的精神特质。在传统武术中，每一套路的起始动作基本不具备攻击性，而是选用包含了礼让、尊重意味的招式，以表现“谦恭礼让”的态度。传统武术文化的学习可以让学生在保持个性的基础上仍不忘“虚怀若谷”“大智若愚”的谦逊美德，在为人处世中做到“己欲立而立人，己欲达而达人”，学会宽以待人。

二、传统武术文化的美育价值

（一）意境美

“意”是情与理的统一，“境”是形与神的统一，二者统一过程中情理与形神的相互渗透，即“意境”。传统武术套路是按一定的目的取向和审美需求，将具有攻防意义的技击动作进行艺术加工，然后再与创编者、演练者的情感精神进行融合，从而达到“情理”交融和“形神”交融，具有节奏美、神采美的特征。传统武术套路表演要求练习者在演练过程中做到气概坚韧、气势如虹、气质贯一、气韵生动，将武术套路的“意境美”展现出来。

（二）神韵美

神韵，即自然传神、韵味深远，是一种理想的艺术境界。传统武术应培养练习者的“神韵”，使其具有形神和谐、节奏鲜明的美。武术套路演练就是要“快如风、缓如鹰，起如猿、落如鹊，轻如叶、重如铁，坐如钟、站如松，转如轮、折如弓，动如涛、静如岳”，做到“攻守兼备、进退有度、动静结合、徐疾相间、刚柔并济、虚实分明”，充分体现出传统武术文化的神韵美。

三、传统武术文化的体育价值

首先，传统武术的习练讲究“外练筋骨皮，内练一口气”，通过里外相结合的训练方式，加速身体新陈代谢，促进生长发育，进而提升健康水平，不但能够强健体魄，而且还能磨炼学生的意志品质。其次，习练传统武艺对硬件的苛求程度较小，变通性则较大，可因时因地的开展，而且对于练习所用场地和器械亦无特殊要求，将其作为提高学生健康水平的运动方式，可以有效化解学校运动场地不足的矛盾。最后，传统武术的拳种技法种类繁多，且多由习武者在长期实践过程中创作而来，既能丰富学生的课余活动，增添运动兴趣，又具有健身防身和自卫的实效作用。因此，推行传统武术的习得迎合了时代的需求，必将产生事半功倍的健身效果。

第四节　传统武术文化的学校教育现状及其与现代体育的融合发展

一、传统武术文化的学校教育现状

（一）传统武术文化学校教育存在的问题

1. 选修课方面

（1）课程设置

高校体育课通常安排为每周两学时，选修大纲涉及的课程教学内容比较丰富，排除天气或其他原因耽搁的一些学时，可用于室外教学的时间并不多。在有限的课时中，武术占比非常小，加上师资力量的限制，部分高校甚至不会开设武术选修课。而在一些师资条件相对较好，有实力开设该类课程的高校，跆拳道选修课往往比传统武术更受学生青睐。

（2）教学方式

教师本应重视教学方法的积极钻研，在教学过程中不断改进并完善自身教学方法。但目前，高校传统武术选修课教学存在组织形式单一、欠缺创新性的问题，教学依旧以教师为中心，学生只是对教师示范的武术动作进行机械式模仿与练习，师生之间缺少交流，教学程序单调重复，这对学生学习武术文化的积极性产生极大的压制。

（3）教学内容

高校传统武术选修课教学目前在教学内容上存在较多的问题：

一是教学内容陈旧，对武术技击性的体现较差，实用性不高，长期相对固定的教学内容并不利于传统武术选修课教学发展。

二是技术性教学内容远超理论，学生缺少对武术理论知识尤其是传统武术文化的学习与理解；在技术课程教学中，以武术套路为中心的教学特征非常明显；武术技击与养生等内容相对欠缺，这是对武术本质特征的忽略；理论教学中武术文化、武术健身、武术养生等知识少之又少，很难加深学生对武术的理解层次。

三是武术教材与教学内容过于统一、单调，对地域性、学生之间个体兴趣以及教师个体特长等的不同均有所忽视；教师在选择教学内容时，可选择性非常小，教学灵活性亟待提高。

2. 师资方面

在传统武术文化教学中，师资力量强大与否，教师水平的高与低，直接影响着教学质量的好坏。我国古代就有“名师出高徒”的说法，如果教师不能给学生“传道授业解惑”，这样的教学不仅意义很小，更有可能让学生“误入歧途”。目前，我国多所高校虽已开设武术选修课，但高校中专业的武术教师还是很欠缺的。普通高校的武术教师有很多都是非“科班”出身，而是由体育教师兼职，还有一些并没有系统地学习过武术文化，而是经过短期的培训就直接上堂授课。这些教师只能机械式的教授学生一些并不太标准的武术套路，他们自己对于武术的理论知识和深刻内涵都不甚了解。而武术不同于其他体育项目，它在形式上非富多彩，套路衔接也是千变万化的，更重要的是它还承载着中华民族的传统文化。这就形成了一个尖锐的矛盾。

3. 教材方面

在高校中，无论是哪门课程的学习，教材作为一个重要的工具在教学过程中是不可缺少的，教材的编写质量往往在学生是否能够很好地掌握学科知识并融会贯通上扮演着决定性的角色。但是，经过对当前有关武术教材的了解发现：现在的教材内容很多都是从体育院校武术专业教材上照搬照抄过来的。但由于普通高校学生相对于武术专业学生而言，无论是身体素质，还是在专项技术接受能力上都差距很大。这就造成了普通高校学生就算是在学习很简单的武术动作的时候也会表现出来很吃力的现象，更不用说在学习完成一个由几十个动作组成的完整套路时候的力不从心了。结合上述情况，对当前武术教材进行进一步的研究是很有必要的。

4. 经济保障方面

武术文化的发展是需要良好的经济投入作为保障的。在武术教学过程中，教学场地和硬件器材是不可缺少的重要设施，而由于教学场地和硬件器材的造价较高，一般高校不愿在上面投入过多的资金，甚至很多学校都无法满足在教学过程中武术器材每人一件的需要。由于武术教学在大多数时候都是户外的，并且具有竞技性，如果没有先进的教学设施，连最基本的教师和学生的安全都是不可能保证的，上述各种情况都对整个武术文化在高校中的发展产生了非常不利的影响。

（二）传统武术文化学校教育的有力举措

1. 全面优化选修课教学

首先，以传承民族文化、发展武术事业为出发点，将传统武术选修课放在正确位置上。我国传统武术文化教学之所以会陷入困境，原因在于绝大多数人只承认武术具有体育属性，仅对武术的竞技体育属性进行开发，在评价中国武术时，仅以“体育标准”为依据，否认我国传统武术同西方体育存在本质上的不同。这一根源性问题以枷锁的形式对高校传统武术选修课教学产生束缚，成为武术文化传承必须摆脱的桎梏。要想在高校校园立足，与域外武技进行对话，我国传统武术必须以自身深厚的文化底蕴与鲜明的民族个性为重要特征与依据，这要求武术教育人员在制订教学目标时以民族与国家为立场，重视武术文化教育，强化武术核心价值传承。

其次，用现代化技术进行教学方法及形式的优化。传统武术选修课教学可参考其他学科教学的先进教学方法，选择性借鉴多媒体辅助式教学模式。① 教师可以在课前将课堂上需要讲解的内容，例如某一武术动作要领、背后蕴含的传统文化、衔接动作等编制成高趣味性的软件，激发学生主动学习的积极性，提高教学效率。此外，借助现代化影像设备录制学生练习某套武术动作的全过程，为教师随时、随地、全面观察学生动作要点与技巧掌握程度提供便利。教师教法固然重要，学生学法亦不能忽视，学生不宜一直进行集体式练习，特殊情况下应选择性地采用同质分组、合作练习、探索练习以及自主练习等方法，满足学生团结精神、创造精神及学习能力的全面培养要求。

再次，增加攻防格斗、健身等新技术性内容。传统武术运动有其自身固有的特点，武术选修课教学要对这一内容予以体现，彰显攻防格斗技术。攻防格斗乃武术的本质所在，表演艺术、健身治病等特征均处于次要位置。20 世纪中期，我国传统武术中具有的格斗成分被取消，武术日益朝着与体操舞蹈相类似的唯美方向发展。现代社会文明让人们产生了一种学习武术的目的在于强健身体，武术中格斗内容太过野蛮的错觉。经历几十年的错误发展，武术失去格斗功能，仿若无法下水的游泳者以及不能射门的足球运动员。今后高校在进行传统武术选修课教学时，应重新纳入攻防格斗的内容，删去舞蹈类动作，对技击价值高的动作予以保留，创编可单练、对练、彰显武术本质、短小精悍的套路，这是对武术运动发展要求与趋势的迎合，可扭转以往武术选修课实用性差的局面。对于人们提出强化身心健康的要求，教学可丰富健身类内容，这要求武术选修课教学内容体系必须构建在武术健身这一核心基础上，对学生个体的多样化需求予以兼顾，充分体现传统武术文化的趣味性。

最后，增加传统文化与武术养生等理论内容。武术是根植于我国传统文化的民族传统体育，与文、史、哲、理、医等众多学科有密切的联系，它们相互

① 董润峰．高校武术教学中引入多媒体教学手段的必要性分析和对策研究［J］．农家参谋，2017（23）．

渗透，在武术的技战术上对众学科的知识与内涵予以充分体现。高校传统武术选修课教学可通过课外读物、校园宣传刊等多种形式不断丰富武术文化方面的内容，深化学生认识传统武术本质特征，在推动其理解与掌握武术技术动作及健身方法的同时，培养他们的民族自尊心与自豪感。

2. 切实提高武术教师的素质

首先，严把进人关，保障武术教师的各项基本素质。一方面，要严格规定“进人”条件，把好武术教师“进人”关。明确武术教师的学历、专业技术和各项基本素质要求，一般坚持高学历、高技术标准，优先挑选具有研究生及以上学历和武英级的武术教师。另一方面，要加强中青年教师的继续教育，通过进修培训、在职读研、读博等形式，提高中青年教师的学历学术层次。①

其次，提高武术教师的理论和科研水平，做到教学与科研齐头并进。教研室领导要给每位武术教师走向讲台的机会，这样使他们在得到锻炼的同时也不断提高其理论教学水平；还要经常安排武术教师的理论学习，尤其对于青年教师，可以采用教研室内部开展理论教学的方式，互相学习，取长补短。教学与科研相辅相成、相互促进，教研室领导应从自身做起，带动全体教师积极地进行各个方面的学术研究，征订一些武术专业的学术性期刊，积极倡导运用武术网络资源，建立考核奖惩制度，如科研成果奖、学术论文著作奖等，尽可能多地为武术教师之间的学术交流创造条件，全面地增强体育教研室内的学术氛围，从各个方面增强武术教师的科研能力和学术素质，以便提高教学水平。

3. 推动和深化传统武术教学的改革

在传统武术教学中，要不断推动武术教学改革。人才的规格和质量取决于教学中培养目标、课程的设置、组织教学的形式、教学评价等因素，要培养出合格的武术人才，就要贯彻和执行国家的相关教育体制改革政策，坚持以人为本，把教学改革落到实处，这是时代的要求。

4. 完善传统武术教材建设

首先，推动传统武术教材的多样化。提倡一纲多本（一个大纲多本教材）、一标多本（一个标准多本教材），将会打破体育教材固定模式的面孔，传统武术教材内容也会百花齐放。其次，增强传统武术教材的可读性。当前传统武术教材因为教育改革和素质教育的要求，应当更强调教材的知识性、趣味性和可读性，更强调传统武术教学对人的身心健康与社会适应能力的作用。

① 肖艳光，时延芳．浅谈当代高校武术教师的素质培养［J］．当代体育科技，2012（7）．

二、传统武术文化与现代体育的融合发展——传统武术竞技化

传统武术的竞技化有其必然的历史原因。传统武术是在我国长期的封建农耕经济基础之上发展壮大的，有其独特的生存环境，与封闭落后的生活生产方式有着密切的联系。传统武术的传承多是家庭或师徒的方式，师傅或父辈们在闲余时间就会定期或不定期的教授武术，这种教授是长年累月封闭的教学。所以，当封建社会土崩瓦解，小农经济逐渐泯灭之时，传统武术便失去了其生存的基础。

随着社会的高速发展，科学技术的日新月异，特别是交通技术的革新，加强了各地区乃至各国家之间的联系，也打破了封建社会封闭的特点。现代的中国是一个与世界紧密联系，处于高速发展之中的国家。人们的思想认识、价值观念与旧社会相比都发生了翻天覆地的变化，不计其数的人从农村走向城市，从田园间的小院落搬进了高层的楼房，从有忙有闲的耕种变成一年到头的工作制。由于这些原因，传统武术在当前工业文明的时代逐渐失去了生存的社会基础。

传统武术在逐渐失去生存基础走入新时代的同时也淡化了自己的价值。传统武术最大的特点可能就是具有很强的技击性，这一特点决定了它在混乱年代的价值，练好了武术不但可以保护自己的东西，甚至还可以保护自己的生命。但是现在是一个相对和平的年代，虽然有时候人们也会遇到一些意外，但那只是特殊情况，不值得为了仅有的意外而花十几年或几十年的时间去练习传统武术。改善身体状况有时候也是一些人练习传统武术的目的，但是随着现代社会的发展，人们可以改善身体状况的手段也越来越多，已经没有必要去选择复杂费时的传统武术作为锻炼的手段。

如今，全球化速度加快，世界已经变成了一个地球村。在现代体育运动发展的历程中，奥林匹克运动可以说是独树一帜，它不仅赢得了世界上绝大多数的不同民族、不同文化背景、不同信仰、不同政治制度的国家以及众多国际组织的普遍认同，并自愿在奥林匹克理想的大旗下为之而努力，而且使它从19世纪末一直持续发展到今天。当前，奥林匹克运动可以说在一定程度上统治了整个世界的现代体育活动，中国当然也不例外。几十年以来，我国不遗余力地进军奥运，花大力气培养优秀运动员在奥运赛场上为国家争光，当然也在奥运赛场上取得了巨大成绩，这都在一定程度上增强了我国人民的民族自豪感和自信心。特别是2008年奥运会的成功举办，使得举国上下一片欢呼，在不久的将来传统武术也一定能成为奥运大家庭中的一员。但是，以后进入奥运会的也只可能是竞技武术，或者竞技化了的传统武术，也就是说不是真正意义上的中

国武术，而是根据西方文化内涵，根据奥运精神的内在要求改变了的，具有竞赛、公平等西方体育特点的武术。

传统武术与现代体育之间的关系非常密切，竞技化是我国传统武术发展的一大特色与趋势，对传统武术发展中的问题进行分析与研究，能够为传统武术的竞技化发展提供一些有价值、有意义的启示。①

传统武术运动有丰富多彩、风格各异的拳种，这也是我国武术运动独特魅力的表现。为了使这些拳种的风格与特色得到有效的保持，并且广泛传播这些富有魅力的拳种，必须严格规范传统技术体系的建立，并加强对其的完善。在建立科学规范的武术技术体系的过程中，对于具有丰富文化内涵、明显技击特征和对人类健康有利的技术动作，要积极予以肯定、继承和发扬。对于套路技术动作，要在与当代人们健身与娱乐需求相符的基础上对其进行发展与完善，这主要是为了与人们生活方式的转变相适应，促进传统武术文化简单化，使传统武术文化更易推广，从而更好地实现竞技化发展。

竞技是传统武术与现代体育融合发展的核心，而且其现代化发展也离不开对西方竞技体育发展经验的借鉴。传统武术向现代化转型的进程因为参照了西化模式而加快了，但传统武术的发展也因此而受到了制约，这主要体现在传统武术文化的全面传承受到了影响。发展我国的传统武术，不仅要保护这一非物质文化遗产，而且要使其在发展中不断创新，与当今时代和未来的发展要求不断适应。传统武术走竞技化发展道路，需要对传统武术发展规律严格加以遵循，不断从中吸收精华，保持武术的传统文化风格。这样才能进一步促进传统武术竞技文化内容的丰富，才能更好地实现传统武术的改革与创新。

总地来说，要促进传统武术文化的进步与发展，就需要扫除完全参照西化模式的弊端，对更适合武术特点的本土发展模式进行探索与建立，使传统武术文化按照多元模式向竞技化方向发展，从而取得更好的发展成果。

① 陈清华．中国传统武术现代化的发展对策分析［J］．当代体育科技，2020，10（7）．

第四章　优秀传统文化中的道德元素及德育

作为一种重要的伦理性文化，中国传统文化中的道德观念十分浓厚，几乎一切行为活动都要放在道德的天平上予以考量。优秀传统文化是中华民族几千年文明的结晶，以“道德”为基本思想的优秀传统文化为德育提供了源源不断的重要资源，利用优秀传统文化可以更好地培养学生的道德观念、养成学生的道德习惯、识别道德伦理等。本章主要从道德与德育内涵入手，阐释了中国传统道德的主要观点与规范，同时讨论了优秀传统文化的德育践行及其启示。

第一节　道德与德育

一、道德

（一）道德的含义

“道德”是“道”与“德”两个概念的合称。

（1）“道”：从“首”到“行”，原意为人行的道路，与“行”相通，可行者为道。后引申出原则、规则、规矩、规律、道理、学说等多种意义。[1]

（2）“德”：古代“德”“得”两字相通。[2]

（3）“道德”一词最早见于《荀子》，即“礼者，法之大分，类之纲纪也。故学至乎礼而止矣。夫是之谓道德之极。”

① 张凤池，胡守钧．道德教育的方法与实践［M］．上海：上海社会科学院出版社，2019：2.

② 何小平，戴木才，章小谦．道德哲学与道德教育［M］．南昌：江西高校出版社，2010：5.

（二）道德的功能

1. 认识功能

即人们运用自己掌握的道德规范、道德准则来区分、评价社会生活，评价他人或本人行为中的善与恶、是与非、利与害等。

2. 调节功能

即道德具有纠正人的行为和指导实际活动的能力。运用道德行为规范，通过善恶评价、教育、指导、示范、沟通等方式和途径，调整人们之间以及个人与社会之间的关系。

3. 教育功能

即道德通过社会舆论、传统习俗、内心信念等教育人们，使之形成良好的个人道德意识、道德品质、道德行为，从而提高人们的精神境界和道德水平。

二、德育

（一）德育的内涵

在我国近代教育史上，曾用过“道德教育”和“训育”等概念，以示德育。而明确使用“德育”概念的，是西方资产阶级教育思想输入我国之后，我国著名教育家陶行知先生在《中国教育改造》一书中，谈到学生自治问题时说：“近世所倡的自动主义有三部分：智育注重自学，体育注重自强，德育注重自治。”① 这里，他明确使用了“德育”的概念，并把它看成整个教学不可分割的组成部分。

中华人民共和国成立以来，在德育概念的表述上，有的按苏联教育学上的用法，用狭义教育表示德育；有的用我国思想政治工作的习惯用法，称德育为“思想政治教育”；有的说德育就是道德教育、政治立场和世界观教育。② 凡此等等，说法不一。当然，这些说法其含义大体相同，但又各自有所侧重。在我们了解的这些德育说法中比较被认同的就是以下四种：

1. 第一种说法

广义的德育指所有有目的、有计划地对社会成员在政治、思想与道德等方面施加影响的活动，包括社公德育、社区德育、学校德育和家庭德育等方面。狭义德育专指学校德育。学校德育是指教育者按照一定的社会或阶级要求，有

① 陶行知．中国教育改造［M］．北京：商务印书馆，2017：43.

② 李颖，陈顺刚．德育［M］．成都：四川大学出版社，2017：19.

目的、有计划、有系统地对受教育者施加思想、政治和道德等方面的影响并通过受教育者积极的认识、体验与践行，以使其形成一定社会与阶级所需要的品德的教育活动，即教育者有目的地培养受教育者品德的活动。①

2. 第二种说法

德育就是教师有目的地培养学生品德的活动。对于德育范畴的具体理解与界定从不同的角度往往可以得出不同的结论。不同的德育定义是不同德育观的反映，对德育实践也会产生不同的影响。对德育概念具体理解的不同之处主要集中在两个方面：一是德育的内容主要包括哪些，二是如何理解德育过程。

狭义的德育专指道德教育，亦即西方教育理论所讲的“moral education”。在我国，许多人并不赞成这一定义，认为德育应包含更多的内容。一种广义的德育概念解释为：与伦理学体系中的德育概念（专指道德教育）不同，“教育学上的德育，则是相对丁智育和美育来划分的，它的范围很广，包括培养学生的思想品质、政治品质和道德品质”。另外还有更为广义的德育界定，认为德育除思想、政治、品德方面的教育之外，还应当包括法治教育、心理教育、性教育、青春期教育，甚至还应包括环境教育、预防艾滋病教育等。②

3. 第三种说法

按照马克思主义的辩证唯物主义哲学观，凡是事物皆是一个矛盾体，矛盾有两个对立的方而构成。德育也是由两个对立的方面构成，一方面是道德教育者（在学校是教师），另一方面是道德学习者（在学校是学生）。这里，矛盾的主要方面是学生。所以，所谓德育，一方面对于学生来说，作为道德学习者，要主动地学习德育，是道德教育的主体，视道德学习为自己生命的部分，道德好，人格崇高，生命幸福；道德不好，人格渺小，生命悲哀。另一方面对教师来说，教师是道德教育者，教师要为学生创造道德学习的环境和条件，促进学生由道德无知到道德有知，并且化为道德行为，形成正确的行为习惯，正确的价值取向，正确的行为选择。③ 简言之，德育就是教师创造学生进行道德学习的环境和条件，促进学生良好行为习惯的养成。即德育的本质和内涵。

4. 第四种说法

我国古代把“教”字解释为“觉悟”，就是说“教”就是提高人的觉悟，即德育的意思。在古代的教育思想中，特别要求统治者善于教化民众，“得民心以治天下”。我国古代名著《学记》里说：“建国君民，教学为先。”“君子

① 房淑杰，冯中鹏．德育［M］．阳光出版社，2018：15.

② 陈顺刚．德育［M］．成都：四川大学出版社，2014：27.

③ 余光，李涵生．德育［M］．北京：人民教育出版社，1989：31.

如欲化及成俗，其必由学乎。”孟子说：“善政不如教之得民也。善政民畏之，善教民爱之。善政得民财，善教得民心。”这里所讲的“教学”“教”“学”都是讲教化之意。我国“四书五经”中的《大学》里指出：“大学之道，在明明德，在亲民，在止于至善。”这里所讲的“大学之道”的“道”，即教育；而“明明德”“亲民”“至善”讲的都是德育的内容。因此，古人讲“道”，实质上讲的是德育。① 我国古代教育家，虽还没有用德育的概念，但都主张统治者对民众施以德育，以此作为统治人民的手段。

（二）道德与德育区别

道德是以善恶评价为标准，依靠社会舆论、传统习惯和内心信念的力量来调整人与人、人与社会、人与国家之间关系的意识形态和行为规范。道德属于社会的范畴。

1. 道德类型与德育

道德是维持人类社会正常生活的基本的行为规范。人类生活可以分为私人生活、社会生活、职业生活三个基本领域，调节这三个生活领域的道德规范分别是私德、公德和职业道德。私德是私人生活中的道德规范，指个人品德、修养、作风、习惯以及个人生活中处理爱情、家庭及邻里关系的道德规范；公德是国家及社会生活中的道德规范，也叫国民公德与社会公德；职业道德是职业生活中的道德规范。

从德育类型划分的角度来说，德育包括私德、公德和职业道德教育。私德教育即培养学生的私人生活的道德意识及行为习惯，如相互尊重、相互体谅、相互关心、诚实、忠诚、敬老爱幼等；公德教育即培养学生的国家与社会生活的道德意识和符合社会公德的行为习惯，如遵守社会公共秩序，注意公共卫生，爱护公共财物，保护环境，见义勇为，维护民族尊严和民族团结等；职业道德教育即培养学生职业生活的道德意识及合乎道德规范的行为习惯，如忠于职守，勤恳工作，廉洁奉公，团结合作等。

2. 道德层次与德育

公德、私德、职业道德均含三个层次的道德要求。即道德理想，道德原则，道德规则。德育包含理想、原则、规则层次的道德教育。

道德理想教育即运用道德倡议形式激励学生的高尚行为。道德理想是一种难以完全达到的境界，却给学生树立一个不断追求的终极目标，激励着学生努力践行道德行为。

---

① 陈敏．艺术与德育［M］．上海：上海交通大学出版社，2016：24．

道德原则教育即运用道德指令或道德倡议指导学生的正确行为。道德原则是学校认为学生可以而且应当达到的要求，但在实施中具有一定的灵活性。它是指导学生行为的基本准则。道德规则教育即运用道德禁令或道德指令形式约束学生的不良行为。这是因为，道德规则是不可违反的最低限度要求，是必须执行的。其中肯定性规则起指导作用，否定性规则起约束作用。

3. 品德与德育

品德是一定的道德规范在个人思想和行为中表现出来的较为稳定的特点和倾向，是道德认知、道德情感、道德行为等构成的综合体。品德属于个体范畴。

道德认知是个体道德品质形成的基础；道德情感在道德品质形成过程中起着激发、选择和调控的作用；道德行为是在一定的道德意识、道德动机支配下所表现出来的行为举止，是衡量个体道德品质的重要依据。

从道德任务的角度说，德育包括发展学生的道德认识、陶冶学生的道德情感、培养学生的道德行为等三个相互联系的方面。

第二节　中国传统道德的主要观点与规范

一、中国传统道德的主要观点

（一）人性（善恶）论

人性问题是中国传统道德理论中的一个重要问题，其产生于春秋战国时期，纵贯此后两千多年伦理思想的发展历程。人性是善或恶的问题，是人性论的中心问题，在长期争论发展过程中，产生了以下五种主要观点。

1. 性善论

性善论的始倡者是孟子，其观点具体如下：[①]

（1）认为人性有“四心”是性善的心理基础，简称“四德”。即：

恻隐之心，仁之端也。——仁

羞恶之心，义之端也。——义

辞让之心，礼之端也。——礼

① 杨泽波．孟子性善论研究（再修订版）[M]．上海：上海人民出版社，2016：38.

是非之心，智之端也。——智

（2）认为人性可失。即由于环境变化，自己不努力，善性可失。

（3）认为人性可求。即人性善恶可通过自己主观努力获得。

2. 性恶论

性恶论的始倡者是荀子，其观点具体如下：①

（1）主张人性本恶。若顺从人的自然本性发展，必然会导致争夺、残杀。

（2）主张“性伪之分”。即本性是生而具有，不是通过学习和作为所得到。

（3）主张制订礼义道德等规范，使人想善、向善、行善、改恶从善。

3. 性无善无不善论

性无善无不善论的代表人物是告子，其主要观点具体如下：

认为人性只是人的本能，无善恶之分；主张“生之谓性”“食色，性也”。②

4. 性有善有恶论

性有善有恶论的代表人物是世硕、扬雄。其主要观点具体如下：③

（1）世硕认为人性有善有恶，发扬善的方面并努力培养，则善占优势，反之则恶占优势。

（2）扬雄认同世硕观点，并且提出人性“学则正，否则邪”。

5. 性三品论

性三品论的主要代表人物是董仲舒、王充、韩愈等。其主要观点具体如下：

（1）董仲舒提出性三品论，即：④

天生不教而能善：圣人之性——圣人（统治者）

天生为恶虽教而不能善：斗筲之性——坏人（被惩罚者）

天生有善恶，教而后善：中民之性——普通人（被教化者）

（2）王充、韩愈等坚持和发展了性三品论。⑤

---

① 赖纯美，陈籽伶．荀子名言的智慧——性恶论的人生哲学［M］．长沙：岳麓书社，2004：62.

② 黄启祥．告子人性论辨析［J］．伦理学研究，2014（3）．

③ 曹芝维．论中国古代的人性思想：性善、性恶、性三品［J］．城市建设理论研究（电子版），2012（10）．

④ 曹影．“性三品”：董仲舒社会教化的理论根据［J］．社会科学战线，2008，158（8）．

⑤ 张宽政．人性论［M］．北京：线装书局，2013：67.

（二）义利论

1. 道义论

道义论的观点是：强调以义为上，以义制利，是义利论中的主要观点，也是儒家的基本主张。其代表人物及观点具体如下：

（1）孔子：一方面把义利对立起来，认为“君子喻于义，小人喻于利”。另一方面并不完全排斥利，主张“因民之所利而利之”，反对私利。他还主张当义利发生冲突时，利要服从义。

（2）孟子：主张义利对立，要去利怀义。

（3）董仲舒：认为人的本质特征在于有义而不是为利，否则形同鸟兽；主张理想人格、正人君子的标准是义而不是利，提出“夫仁人者，正其谊不谋其利，明其道不计其功”。

（4）程颢、程颐：把义利关系明确为公私关系，认为义即纲常义理，利即私利、私欲；认为天下之事，非义即利，非利即义，两者不能并存。

（5）朱熹：认为“义利之说，乃儒者第一义”。主张义利是两种根本对立的行为方针和价值准则，是区分君子与小人的根本标准。主张为义“便是入圣贤之域”，为利“便是趋愚不肖之徒”。

2. 功利论

功利论主要观点是重视功利，轻视道义。其代表人物及主张具体如下：

（1）陈亮：提倡人要有补国计民生的事功之学，在道德标准上主张以实功实事为依据，认为“功到成处，便是有德；事到济处，便是有理”。①

（2）叶适：认为道德不能脱离功利，必须达到一定的功效，实现一定的社会物质利益，否则道德就成了无用的教条。他认为“后世儒者，行董仲舒之论，既无功利，则道义者乃无用之虚语尔”。②

（3）李贽：明确主张重视功利，认为“穿衣吃饭，即是人伦物理；除却穿衣吃饭，无论物矣”。主张行义是为了以之求利，若无利可求，则无正义可言。他还认为：“夫欲正义，是利之也。若不谋利，不正可矣。”③

3. 义利并行论

义利并行论的主要观点是强调道德原则与物质利益要相统一。其代表人物及观点具体如下：

---

① 王思武，张喜平．从德性论到功利论［J］．新东方，2001（5）．

② 龚群．德性伦理学的基本特征及其与道义论、功利论伦理学的根本区别［J］．中国人民大学学报，2019，33（4）．

③ 陈星先．道德与权力共建——从功利论向道义论的回归［J］．青年与社会，2019（1）．

（1）墨子：提出“贵义，尚利”观点，提出凡“利人”“利天下”的行为即是义，凡是“亏人自利”“害天下”的行为，则是“不义”；提出“利人乎，即为；不利人乎，即止”的行为准则。

（2）荀子：认为“义与利者，人之所两有也”；主张要“以义制利”，压制对物质利益的欲望的膨胀。

二、中国传统道德的规范

（一）立身道德规范

1. 志存高远，自强不息

志向即理想，是人生观、价值观的核心，是人行动的动力和目标，也是个人道德修养的第一要素。古今圣贤无不把立志、励志放在人生之首。具体规范有：

（1）人贵立志

志向或理想，是人们在现实基础上对未来的科学设想。它不同于幻想或空想，既源于现实，又高于现实。

志向或理想，对人来说，是十分重要的。首先这是人区别于其他动物的一种特殊意识。其次人所立之志，会指引其努力的方向，激励人不断进取，会成为人的精神支柱、行动目标、力量源泉。

（2）志存高远

人要立志，要树立宏大、长远、高尚、美善之志，不能立渺小、短浅、庸俗、丑恶之志。只有立高远之志，才会有远大目标和精神动力；才会永不气馁，永不言败；才会立不朽之功，造福人类；才能使自己对社会，对他人，对人类做出较大贡献。

人类历史上有过不同的社会理想，但最科学最进步最合理的理想是实现共产主义，青年学生应为实现共产主义远大理想而奋斗。

（3）励志自强

人贵立志是指立志的自觉性。志存高远指的是立志的目的性，但立志还要有稳定性、连续性、坚持性，所谓“有志之人立长志，无志之人常立志”。[①]理想的实现，还需要踏踏实实去干，甚至付出汗水、鲜血乃至生命。

中华民族是一个十分重视励志自强、奋斗不息的民族，“精卫填海”“夸父逐日”“愚公移山”“大禹治水”“卧薪尝胆”等传说、典故无一不是教导

① 刘献君．中国传统道德［M］．武汉：华中理工大学出版社，1998：47.

人们应自强不息。《周易》云："天行健，君子以自强不息。"①

2. 勤学好问，尊师重道

人非生而知之而是学而知之。人的品德养成、知识增长、能力提高，都要通过后天的学习才能取得，学问即学与问的结晶。因此志道必先志学，并且要发扬"学而不厌""锲而不舍"的精神和"贵师而重传"、尊师重道不耻下问的态度，这样才会成功。

（1）好学求知

人的知识能力，不是从天上掉下来的，也不是头脑中固有的，而是人在社会实践中通过学和问获得的，这是一条颠扑不破的真理。《中庸》中说：好学近乎知。孔子说：生而知之者上也；学而知之者，次也；困而学之，又其次也；困而不学，民斯为下矣。荀子说："学不可以已。""吾尝终日而思矣，不如须臾之所学也。"南宋王应麟的《三字经》强调："子不学非所宜。幼不学，老何为？""人不学，不知义。"②

（2）苦读善学

在学习中，好学是前提，勤学是基础，善学是关键，苦学是保证。因为学习是一件十分辛苦的事，不但要长期坚持，而且还必须做好吃苦的准备。同时学习也是一件有技巧、有艺术的事，不但要学，还要善学，这样才能事半功倍，学有所成。

当今时代，学习能力、思维能力、创新能力已经成为构成现代人才体系的三大能力。其中学习能力又是最基本、最重要的第一能力，是最根本的竞争能力。没有学习能力，其他能力更是很难拥有。我们天天在讲要提高素质，而提高素质的关键是抓好学习，而抓好学习的关键，则是提高学习能力即善学。

学习能力的强弱，从个人角度说，决定一个人的未来发展和前途命运；从一个单位和集体角度说，决定着它的发展壮大；从一个国家和民族来看，关系到国家兴衰成败和民族振兴。古今中外，凡成大功、立大业的人，虽然特点各异、条件不同，但有一点是共同的，那就是无一不酷爱学习，无一不是学习能力很强的人。

学习能力的培养与开发，必须要培养学习的浓厚兴趣。如果只是简单地把学习当成任务去完成，被动地去应付，那是达不到学习的目的的。人若志趣不远，心不在焉，虽学无成。只有吃得了苦，耐得住寂寞的人才能真正尝到读书的乐趣。

---

① 韩天东．中国传统道德撷英［M］．宁波：宁波出版社，2016：114.

② 王作峰．中国传统道德的当代价值［M］．北京：新华出版社，2004：72.

4. 躬行践履，务实求真

道德修养既是一个认识问题，更是一个实践问题。因为任何道德认识只有落实到道德实践之中，才能发挥其规范人的行为、调节人的关系、完善人的本质的作用。所以古圣贤一直重视重知重行，强调知行统一，重视实事求是，务实求真。具体包括以下规范：

（1）慎言力行

古圣贤们认为，要成为君子，不仅要志高意远，好学求知，而且要躬行践履。也就是要把所立之志，所学之知，扎根在思想上，落实到行动上，以提高完善自己的道德修养。否则志为空想，学为空谈。[①]

《周易》中指出：履，德之基也。《尚书》中说：非知之艰，行之惟艰。孔子则多次说道：力行近乎仁；君子欲讷于言而敏于行；君子耻其言而过其行等。荀子提出：行重于学；不闻不若闻之，闻之不若见之，见之不若知之，知之不若行之，学至于行而止矣。

（2）知行统一

关于知行关系问题，从先秦到晚清，古圣贤们基本都提倡和强调慎言力行，行重于言，行难于学，行高于知的观点。他们都十分重视道德实践，认为道德观念只有落实到道德实践中，才真正具有提高道德水平和完善道德品格的意义。具体在知行关系上，先秦和宋以前的思想家基本都是坚持“知先行后”；明代王阳明的心学派持“知行合一”，指出知行一体，知中有行，行中有知；清代王夫之则持“行先知后”的观点，指出知是为了行，行可以获得知。尽管这些思想家在知行关系问题上，都有自己的观点，也有一定的道理，但都不科学。孙中山先生则提出“行之—知之—更行之”的认识过程，具有“知行统一”的辩证因素。[②] 一直到毛泽东在《实践论》中指出从感性认识上升到理性认识，又从理性认识指导实践。实践、认识、再实践，再认识，这种形式循环往复，实践与认识的每一循环的内容，都进一步到更高级的程度。这一科学的认识论才是真正的倡导“知行统一”。因此我们应坚持知行统一、言行一致。

（3）实事求是

实事求是，最早见于班固的《汉书·河间献王传》：河间献王刘德以孝景帝前元二年立，修学好古，实事求是。这里主要指学风问题。其实包含这一思

① 李承贵．德性源流——中国传统道德转型研究［M］．南昌：江西教育出版社，2004：68.

② 马永庆．中国传统道德概论［M］．济南：山东大学出版社，2000：93.

想的认识早已有之，如孔子所说的“知之为知之，不知为不知，是知也”。[①]《汉书》之后，历朝历代思想家都特别强调务实求真，实事求是，一方面指出其必要性、重要性；另一方面指明不务实的危害。

（二）治国安邦的道德规范

1. 以德治国，敬德保民

“以德治国，敬德保民”是中国传统的治国方针，也是传统的政治文明和政治道德的主要内容。治国平天下必须先“正心、诚意、修身、齐家”，要经时济世，为万世开太平，又必须要从个人的道德修养做起，这就是以德治国的过程，包括为政以德、民为邦本和惠民利民三个方面。[②]

（1）为政以德

“为政以德”是中国传统治国思想的核心，也是治国美德的集中体现。

中国古代的正统思想家们认为，治国的内容包括“安人”与“修己”。修己的目的在于安人，让百姓安居乐业，接受统治。这必先安其心，使之心悦诚服，而要更进一步地落实必须靠德治与德化。其次，传统“德治”以民心向背为主要标准。得民心者得天下，失民心者失天下。如何才能得民心呢？关键在施仁政，行德治，制定的政策法令尽可能地符合民心，得到人民的拥护。贾谊在《过秦论》中指出秦亡的根源在于“仁义不施”。这是很有见地的分析。

传统的治国道德还有一个重要方面是要求统治集团成员用自身良好的道德去感化百姓，即“修己安人”。

（2）民为邦本

最早提出这一观点的是在《尚书》中，“民可近，不可下，民惟邦本，本固邦宁”。孟子将之发挥为：民为贵，社稷次之，君为轻。[③] 这体现了民为本，君为末的民本思想。

民本思想在中国源远流长。《尚书》提出“敬德保民”的思想。周公旦进行实践，要求周成王“怀保小民，惠鲜鳏寡”。孔子提出“仁”，“仁者爱人”“其人存，则其政举；其人亡，则其政息故为政在人”。孟子把它发扬光大，后来历代政治家，大都强调以民为本的思想。贾谊的论述最具典型。他从“以民为本，以民为命，以民为功，以民为力”四个方面论述了民为邦本的道理。一是民决定了国家的安全，君主的威望，官吏的尊贵；二是民决定了国家

① 韩天东．中国传统道德撷英［M］．宁波：宁波出版社，2016：51.

② 辛治洋作．道德判断与道德教育——基于中国传统道德教育思想民范式的研究［M］．合肥：安徽人民出版社，2010：47.

③《尽心章句下》.

的存亡，官吏的贤否；三是民决定了国家的兴废，君主的强弱，官员的能力；四是民决定了战争与政治中战、功、守的胜败。贾谊的分析是很深刻的，也为历代贤明政治家们所接受。① 以民为本、为民办事、为民做主、爱民惜民的官员很多，如狄仁杰、包拯、海瑞等无一不被人们世代相传。

(3) 惠民利民

民本思想是德治的基础。要落实这一思想，必须有许多措施，其中最关键的是惠民利民，让民众得到实际利益。传统的惠民方法有很多，主要是三种：一是富民为先；二是轻徭薄赋，使民以时；三是教民乐民。

2. 以法治国，秉公执法

(1) 有法必依的主张

中国古代法制建设起步早、跨度大，"夏有乱政，而作禹刑"②。一直到清代，法律在逐步完善，形成了有中国传统特色的中华法系。夏、商、西周、春秋、战国之时，以人治、德治、礼治为主，但也提出了法治思想。春秋时邓析首先提出"事断于法"原则，主张一切犯罪行为都必须依法处置。明确提出"依法治国"观点的是在《管子》中。古代中国，以法治国成就最高，影响最大的是唐朝。唐律的产生标志着中华法制文明走向成熟。唐朝治国主要依靠法治，法律制度化和相对稳定，法治重点在依法行政，依法治吏。而且唐律一直在不断修订完善，使之和罗马法、拿破仑法典成为世界法制史上的三大著名法典。宋、元、明、清时期，法律、法治在加强，以法治国在延续，但法制建设具有明显的滞后性。如立法思想上的强化中央集权，加强皇帝对司法审判的控制，推行高压政策，大兴文字狱等，都在一定程度上影响了法制建设。

(2) 秉公执法的追求

秉公执法是中国古代对为政者从事法律工作中最基本的要求，也是一种高尚的政治道德。由于中国古代是宗法制和君主专制国家，等级森严，统治阶级拥有特权，甚至在法律上也有"刑不上大夫"之说。③ 因此要真正做到秉公执法很难，但中国历代有一些有远见卓识的政治家、思想家、清明的官吏、开明的君主、还是强调并努力做到秉公执法，从而成为以法治国的道德规范。

秉公执法，首先要坚持一个"公"字，要不徇私情，不谋私利。其次要坚持不畏权贵，铁面无私，甚至为奉理循法，敢于据法抗旨，犯颜直谏，置个人的功名利禄甚至身家性命于不顾，以身护法，舍身执法。

---

① 邱双成．论中国传统道德教育［J］．西部素质教育，2019，5（22）．

② 《左传·昭公六年》．

③ 宋书通．厚德载物——中国传统道德译评［M］．北京：中国物资出版社，2001：82.

第三节 优秀传统文化的德育践行及启示

一、优秀传统文化的德育践行

（一）以“道德”为核心的优秀传统文化在大学德育中践行的价值

学校是进行文化教育和道德教育的场所，高等学校作为大学生道德教育的重要阵地，这些年大学德育取得了一定的成果，这与中国优秀传统文化的积极影响密不可分。大学德育指培育大学生的思想道德，中国优秀传统文化为其提供了源源不断、用之不竭的重要资源，利用中国优秀传统文化可以培养学生的道德观念、养成学生的道德习惯、识别道德伦理等方面提升其德育水平，提高大学生的人文素质等。近年来，随着改革开放和现代化建设的快速推进，社会主义精神文明建设虽总体呈现出积极、健康、向上的良好态势，但仍有不少亟待解决的问题。世界各个国家都在努力发展自己民族的传统文化，而我们对五千年历史的中国传统文化重视不够。自高校扩招以来，大学教育已由精英化向大众化发展转变。

在新形势、新机遇、新挑战下，如何将中华传统文化中的传统美德与体现时代精神的道德观念相融合，如何提高当代大学生对传统优秀文化的认知度，如何进一步有效地通过弘扬传统优秀文化促进思想道德修养教育，是高校思想政治工作者必须要面对和解决的一项紧迫性难题。必须重新审视既有的教育体制下中国优秀传统文化对高校思想政治教育的作用，充分重视我国优秀传统文化的教学内涵，进一步弘扬拓展中华民族优秀传统文化和传统美德在高校的影响力，切实提高在校学生践行以“道德”为核心的中国传统优秀文化的实效，提升当代大学生的道德品质和综合素养。

（二）以“道德”为核心的中国优秀传统文化在大学德育中践行的理念

1. 理论与实践相结合

中华民族优秀传统文化价值观浩瀚而深远，是开展大学德育的深厚文化基础，大学德育必须植根于这一深厚土壤，从中汲取精华，并将继承内容赋予时代旋律，深刻挖掘传统文化在大学德育中的时代价值，拓展理论学术研究深度。

将中国传统文化融入高校大学生思想政治教育内容之中，需突出教研的实践效果。中国传统文化中思想观念一般以历史典故和历史内容为支撑，可以尝试将以前的单向灌输式教育变成滴灌式唤醒教育，会使思想政治教育在实践中更生动活泼，更容易为学生所接受。此外，传统文化中的文学、音乐、诗词等有形的传统文化资源可以为思想政治教育提供良好的切入点，让学生在接受文化熏陶的同时进行思想政治教育，增强思想政治教育的生动性和感染力。

2. 传统与现实相结合

五千年文明历史留下了丰富的文化遗产，我们应该结合时代精神批判性地加以继承和发展，做到古为今用。加强对大学生的优秀传统文化教育，应继承和发扬传统文化的积极、合理因素，扬弃消极、腐朽因素，并把传统文化的积极、合理因素与现有实际结合起来，进行创造性转换，赋予时代内涵。如把传统的重义轻利伦理观改造成为义利统一伦理观；把经济效益与社会效益相结合，做到义利兼顾等。时代精神反映了当代中国社会进步的发展方向，引领时代进步的潮流，是被全社会成员普遍认同和接受的思想观念、价值取向和行为方式。在大学生思想政治教育中，要着力培养学生的竞争意识、效率意识、效益意识、法治精神、合作精神、诚信品质与时间观念等，引导大学生用社会主义市场经济的思维去考察、分析、思考中国优秀传统文化，帮助大学生通过对传统文化的批判和辩证思考，逐渐学会独立地、科学地、创造性地解决各种问题。

3. 知与行相结合

课堂的理论教学对学生往往起到的是“知”的作用，要想让学生在思想道德方面做到知行相结合、相统一，就要充分利用第二课堂的实践教学教育效果。在将中国优秀传统文化教育与思想政治理论课教学相结合的同时，应该广泛开展以弘扬优秀传统思想道德文化为主题的实践教学活动。结合我国传统节日、爱国纪念日等具有传统文化纪念及传承的事件，以及社会公益活动，构建学生的实践参与机制。以“知行统一”“学以致用”为目标，全面开展思想政治理论课实践教学，鼓励学生从小事做起，从身边做起，从自我做起，践行传统美德，提高思想道德素质，让学生在亲身体验中，形成科学正确的思想态度与道德精神，并转化为自身的实际行动。①

4. 内容与形式相结合

中国传统文化教学既要保证文化课堂学习的质量，同时作为一种延伸，可

① 张素华. 以“道德”为核心的中国优秀传统文化在大学德育中的践行［J］. 北京青年政治学院学报，2013（3）.

尝试采取理论学习研讨、文艺活动、社会实践等丰富校园文化活动形式。定期约请一些精通传统文化的专家或学者进行专题性讲座或学术报告，组织学生参观历史博物馆、纪念馆、文化遗迹等，让学生在实践中切身感受到中国传统文化的博大精深和精神力量。

要善于借助传媒的力量，将传统文化融入媒介内容产品中去。通过广播、电视、报纸、杂志、网站、微博、微信等传媒作为弘扬传统文化的有效平台，对大学生进行传统文化教育，增加大学生自身的文化内涵，而且能够提升大学生的道德境界，增强思想政治工作的实效性。这里需要特别指出的是，将中国传统文化的精华以文字、图像、声音等形式融到网站内容中去，可以打破时间与空间的限制，利用网络互动的特点，让学生更亲近感受到传统文化的魅力。

（三）以“道德”为核心的中国优秀传统文化在大学德育中践行的途径

1. 完善课程体系，丰富德育内涵

（1）开设选修课

高校课程是对大学生进行传统文化教育的重要渠道和阵地。但是，目前很多高校的课程设置上，中国传统文化的教育在课程设置上处境尴尬。不少经典著作未经整理，读起来特别难，一般人往往望而生畏、敬而远之。学校除利用大学语文课这一平台加强传统文化精华的教学外，还应适当开设一些关于中国传统文化教育的选修课，将传统文化教育纳入规范发展的轨道。

大学生也应该重视中国优秀传统文化在大学德育中的作用，自觉接受中国传统文化的教育。通过加强对传统文化的学习，了解中国传统文化的主要内容，提升自身的思想道德水平、思辨水平和人文素养。

（2）丰富思想道德修养课程的内容

思想道德修养与法律基础课程虽包含两部分内容，但仍以思想道德修养为其主要部分，是大学生入学必修课之一。大学德育阵地建设应逐步加深“道德”教育，如引经据典讲授古代道德故事、思索古代道德模范精神等，不断补充和丰富思想道德修养课程的内涵，更具有中国传统化。

2. 立足社会实际，重在德育实践

大学生树立正确的道德观念对于大学生的成长具有十分重要的意义。如何培养大学生的爱国热情、民族责任感，树立正确的职业观念、社会责任感，确立应有的孝爱观念、家庭责任感等，需要立足实际，加强典型示范与行动转化，在实践的过程中认识道德、体悟道德，行为道德，做到知行合一。

学校应经常开展有利于弘扬和传播中国优秀传统文化的活动，并把对传统文化中的传统美德的学习列为重点贯穿在一切活动之中。如开展社团活动就是一种很好的方法。可尝试成立了空竹、茶艺、合唱团、蜡染、陶艺社团和兴趣小组，安排学生定期开展活动并代表参加学校的对外交流活动。在学习增长传统文化的同时，可以培育学生思考、组织、沟通能力及参与、团结、竞争意识。

再如开设传统文化讲座、宣传先进事迹、树立典型和开展传统文化内容知识竞赛等，多种方式开展活动。通过这些活动，让大学生对中国传统文化耳濡目染，在潜移默化中自觉提高自己的思想道德水平。

3. 创新德育载体，传播途径多元化

当今世界信息发展的趋势，要求我们用现代传媒手段，牢牢地把握思想政治教育的主动权。大众传媒是弘扬优秀传统文化的有效平台。就学校而言，选择广播、电视、报纸、杂志等各种载体，通过通俗易懂、具体生动的电影、电视、文献读物等，对大学生进行优秀传统文化教育。

我们应探索传统文化教育的先进艺术和方法，建设有特色、有吸引力、有影响力的校园思想政治教育网站，提升大学生的参与程度。可以开辟专门的优秀传统文化栏日，并通过网络平台进行广泛的讨论与交流，方便学生查找、下载有关传统文化的资料、影视作品等。通过集文字、图像、声音、视频和动画于一体的网站建设，使抽象的理论与形象的感官刺激相结合，提高大学生的文化自觉度。

与此同时，充分发挥学校图书资源的优势，学校图书馆应及时了解大学生的读书兴趣，根据专业和人生健康成长的需要，有计划组织相关老师引导大学生阅读“四书五经”、中国古典名著等，有步骤地引导学生学习相关的传统文化读物。如李泽厚的《论语今读》、林语堂的《老子的智慧》等。大学生多阅读有关经典思想的历史名著并结合社会实践，将自己的主观认识与社会实际有效结合起来，能增强自己明辨是非、识别美丑的能力。

二、优秀传统文化中的道德对学校德育的启示

我国优秀的传统道德，不仅为中华民族的文明进步做出过不可磨灭的贡献，而且至今还有其不可低估的现实价值和积极作用。其中蕴含的德育内容、德育原则和方法等对我们今天学校德育的开展更是具有巨大的启示和借鉴作用。吸收借鉴合理先进的东西，“为我所用”，将有助于推动学校德育的开展和深化。

首先，我们要借鉴传统道德的整体主义精神，培养青少年学生的爱国情怀。群体和谐思想是我国传统道德的一贯思想，它强调自觉地为民族、为国家、为社会的群体和谐而献身的精神，儒家的“公忠观”是其集中的体现，

这种群体和谐精神曾培育了一代代爱志士，对历史的发展、民族的繁荣产生了十分重要的作用，今天仍值得我们好好地学习和借鉴。今天，虽然我们祖国发生了日新月异的变化，但是振兴中华的大业远未完成。在这种形势下，对于处于21世纪，身负重任的青少年学生来说，更要坚定爱国情怀，坚定社会主义方向，坚信共产党的领导。为此，学校德育要吸取传统道德的“天下为公”的群体和谐思想，加强爱国主义教育，并以古代公忠为国的英雄事例和警言，教育、激励青少年学生树立爱国主义情怀，做新世纪“公忠为国”的国家栋梁。①

其次，我们要借鉴传统道德的“以义制利”的原则，启示青少年学生树立正确的利益观。在中国的传统道德中，对于义利关系问题的讨论曾提出过各种不同的主张和观点，但占主导地位的是见利思义、重义轻利、以义制利的原则。这一原则告诉我们，对于“利”，要有一种理性的约制，不苟取，不妄得，不受不义之财。这种道德意识是有其进步性、合理性的。

今天，我们正在发展社会主义市场经济，道德与金钱的关系问题随之明显地凸现出来。市场经济的发展一方面允许经营者在市场上追逐利益，另一方面，从社会公德来说，又反对谋取不义之财。这就需要引导人们正确处理金钱与道德的关系问题。对这一问题处理的不当乃至错误，会诱发为攫取金钱、财富而不顾信义的丑恶现象。当今青少年面对社会上已经出现的大量的见利忘义、假冒伪劣、坑蒙拐骗的种种丑恶现象，一方面要加强自身的抵抗力，正确对待“利”，另一方面他们作为未来社会的主人翁，为了净化未来社会，培养社会公德，应带头反腐倡廉。因此，学校德育必须把培养学生的正确的“义利观”提到重要位置，充分挖掘传统道德在这方面的积极素材和思想，结合实际中的各种丑恶现象，对青少年学生进行正确教育，使他们树立对待物质利益的健康态度。

再次，学校德育要借鉴传统道德中的气节观念，培育青少年学生的自尊、自强、自立的人格精神。重气节，维护人格尊严，是我们民族的一个重要的优良传统。传统道德的“气节观”不但影响了志士仁人的独立人格的形成，而且在激励志士仁人维护祖国统一，反对外来侵略，抵制邪恶势力中显示出了巨大的作用。

今天，青少年一代虽然生活在国家繁荣富强的时代中，但是社会上随着经济的发展和改革开放的推进而带来的丑恶现象也不断地冲击着他们。在这种环境中，面对复杂的社会现象，青少年学生要树立自尊、自强的独立人格，坚定

① 王作峰．中国传统道德的当代价值［M］．北京：新华出版社，2004：91.

立场，坚持正义。此外，青少年学生要担当起精神文明建设的重任，带头弘扬正气，为消除丑恶现象，维护国家安宁贡献力量。为此，我们学校德育应义不容辞地加强对学生独立人格的培养，将传统的“气节观”渗透到他们的学习和生活中，感染他们做“出淤泥而不染”① 的新一代。

中国传统道德中还有很多宝贵丰富的内容，如“仁者爱人”的人道主义精神，“以和为贵”的处事之道，“刚健有为”的奋发精神，“自强不息”的开拓进取精神等，在我们今天的学校德育中仍闪烁着它应有的光彩。② 此外，传统道德教育中的学思并重、反省内求、慎言力行的德育方法，家庭、社会、学校共进的德育途径，重知、情、意、行及能力培养的德育任务等，都是值得我们借鉴、利用的。只要我们细心挖掘，充分改造利用，它将为我们学校德育的发展提供丰富的思想资料和巨大的推动力量。

① ［宋］周敦颐．《爱莲说》．

② 裴珮．基于优秀传统道德的高校德育工作［J］．西部素质教育，2019，5（14）．

第五章　优秀传统文化中的审美元素及美育

美育又称美感教育或审美教育，是教育的一种重要形式，它以艺术、自然、社会生活为载体，把内在发现、感知、辨识、升华、创造融为一体。挖掘中华优秀传统文化中的审美元素，并以此为载体实施美学教育，不但能够提高人感受美与鉴赏美的能力，还能促进美的创造。本章即从中国传统审美文化的发展历程入手，进一步分析中国经典艺术作品的美学精神与美育解读、优秀传统文化的美育实施及启示。

第一节　中国传统审美文化的发展历史

一、原始时期

根据史学家的考证，中国原始社会大致处于旧石器时代的中期到新石器时代的晚期。这个阶段时间很长，出土的文物也比较多，特别值得注意的是，辽宁省凌源市牛河梁女神庙红山文化遗址新近出土的彩塑裸体女神头像，已具有很高的历史价值和审美价值。这个时期是中国美学思想或审美意识的萌芽期和产生期，与以后美学思想的发展有密切的关系，是中国美学思想产生的源头。但欲研究原始人的审美意识，须有考古学、人类学、古生物学、社会学等多方面的知识，孤立地从美学或从艺术来考察是很难说清楚的。

二、奴隶社会时期

中国的奴隶社会时期，大约从新石器时代的末期到西周。它包括了历史上的夏、商和西周，延续了一千多年。这个时期出现了奴隶社会所创造的文化，从审美的角度来考察，最有代表性的东西主要有三个。

一是青铜器。殷商的方鼎、铜觚、铜爵等，不仅种类齐全，器型多样，且花纹美观，制作精巧，具有很高的审美价值。西周的青铜艺术有了进一步的发展，不仅制作更为精美，且就纹饰来说，已增加了变形纹、重环纹、窃曲纹、垂鳞纹等。1986 年在四川广汉市三星堆遗址出土的商代文物堪称人间奇珍，如其中的青铜立人像、青铜人头像和青铜面像是青铜时代文化中最稀有的珍宝之一，是研究商代人审美意识十分难得的实物资料。①

二是甲骨金文。殷墟出土的甲骨文字，仅就已能识读的部分来看，其内容包含有若干美学思想，且其字形本身也是一种特殊形态的艺术品。它既是文字，也是一种艺术，对中国书法艺术产生了深远的影响。

三是古籍中所记载的一些传说和史实。如女娲补天、精卫填海、夏禹治水等，其所塑造的形象是崇高和美的，透过这些形象自可研究当时的审美意识。

三、春秋战国时期

自西周至战国末期，为春秋战国时期。这是中国文化史上第一个大繁荣时期，是研究中国传统审美文化的重点时期。这一时期，由于社会的大变动带来了学术思想的大发展，各个领域都产生了一批理论形态的学术著作，美学思想也比较丰富、完整，形成许多重要的美学思想的理论形态。此外，以屈赋为代表的文学作品和地下发掘物中的编钟、漆器、玉雕等为代表的日用品、工艺品，都蕴含有丰富的美学思想。

这里值得特别一提的还有书法艺术。19 世纪末发现的河南安阳殷墟的甲骨文已是十分成熟的文字。发现于殷墟的许多甲骨上都刻有“贞人”即史官的姓名，他们应是中国最早的一批书法家。

四、秦汉时期

从审美文化的角度来看，整个秦汉时期，值得重点研究的对象如下。

一是雕塑。秦代的雕塑，秦始皇兵马俑即其代表。汉代的雕塑及石刻艺术，朴素大方，典雅厚重，深沉雄大，形成了我国民族艺术传统风格的一大特色。

二是建筑。秦代的宫室建筑巍峨恢宏，汉代的民居庭院和楼塔建筑别具一格。虽留存的实物不多，但从史籍的记载和文学作品的描绘来看，确是反映了

① “三星” 惊现 [J]. 艺术品鉴，2019（7）.

当时的建筑美学思想。

三是汉赋。虽对它的形式主义，后人多有指责，但它所表现出来的那种“巨丽”之美，那种“苞括宇宙，总览人物”[①] 的宏大气魄，却是后世难以企及的。它在中国艺术的发展史上，第一次鲜明强烈地突出了艺术作为一种自觉的美的创造的特征，不再只是政治伦理道德的附庸。汉赋实际上是处在上升时期的积极有为的统治者直观地创造世界的伟大业绩的产物，是对汉帝国的繁荣发展所创造出来的美的世界的再现和赞颂，洋溢着宏阔明朗的信心和力量。[②]

四是书法艺术。秦代的篆书、汉代的隶书，还有石刻、瓦当和汉砖上的文字等等，使书法在秦汉时期真正成为一门艺术，具有相当高的审美价值。特别是随着书法艺术的发展，崔瑗、赵壹、许慎、蔡邕写下了一些有关书法艺术的论著，表明中国古代美学已突破了诗和乐两个部门，对中国古代美学的丰富和发展具有重要意义。

五是美学理论。在汉代思想家的著作中已经形成了较为完整的美学理论形态，如《淮南子》《史记》《论衡》及《乐记》《毛诗序》等，都已包含有丰富的理论形态的美学思想，这些都成为这一时期审美文化的重点研究对象。

五、魏晋南北朝时期

这是中国美学史上的大转折时期，总的特点是政治黑暗而文化尤其是审美文化大繁荣。文学方面，出现了《水经注》这样以山水为主题的鸿篇巨制和清新的山水诗、田园诗。绘画则产生了独立的山水画和讲究气韵的绘画理论。还值得一提的是，在这个时期，造园活动逐渐走出皇家并首先在上层社会普及，并升华到艺术创作的境界。北方的洛阳，南方的建康、吴郡是私园的集中地带。其中南朝园主多为中原南渡士人，有很高的文化修养。他们把自己的审美认识融入造园活动，所建别墅山居，代表了这时期造园的最高水平。

这一时期，儒家思想的独尊地位受到挑战，论道谈玄成为时髦的风尚，佛教获得前所未有的发展。印度佛学的影响，与玄学合流宣告玄学所追求的理想人格本体不过是一种空幻的东西，但同时又有力地推动了对主体存在的内在精神性的认识。这也对艺术与美学的发展以及整个审美文化的发展产生了积极影响。

---

① 葛洪．《西京杂记》．

② 徐卫民．汉文化论略［M］．西安：陕西人民出版社，2011：117.

六、隋唐时期

由隋而唐，中国经济迅猛发展。唐代国家鼎盛、疆土辽阔，生产力发展水平较高，文化，尤其是审美文化，非常繁荣。这除了经济发展的原因，从文化自身来说，主要是由于与外来文化的交流，特别是印度佛教的思想和艺术到唐代基本上已改造为具有中国特色、适合中国统治阶级需要的文化。佛教的几大宗派到唐朝基本上被改造过来了，如天台宗（又称法华宗）是在隋代形成的、我国创立最早的一个佛教宗派。①

由于中外文化交融，在改革外来文化的同时，也使本土文化有了新的发展生机，所以中国的旧体诗到唐代发展到了高峰，所以鲁迅说："旧体诗做到唐代做尽了。"② 因为唐以后，缺少了唐代的那种促进发展的"生机"。直到"五四"，又有促进文化发展的"生机"，这就是"西学东渐"所带来的积极效果。

在唐代的审美文化中，尤其值得一提的是，1987 年 4 月陕西扶风法门寺地宫揭开，除了发现四枚释迦牟尼佛指舍利外，还出土了大批唐代稀世珍宝，其中包括 121 种唐代宫廷金银器供养器物；400 多件（颗）珠玉宝石；17 种玻璃器皿；16 种失传千年、神秘莫测的秘色瓷器，还有包括武则天绣裙在内的唐代丝织品等等，为研究唐代审美文化提供了大量的实物资料。

七、宋元时期

宋代的经济不及唐代繁荣，但审美文化是有所发展的。对宋代美学思想影响最大的，是当时的新儒学，即程朱理学。理学是中国封建社会后期的统治思想，发端于北宋的周敦颐。当时的思想家、科学家和艺术家无不受理学的影响，所以不研究宋代理学，是讲不清宋代的美学和艺术的。此外，整个佛学的发展已趋下坡，但这个时期的佛教思想经过本土文化的净化得到进一步的提炼，尤其是儒学化的禅宗在知识分子层信者甚众，以禅喻诗蔚然成风。

宋代的审美文化最具特色、最有成就者有二：一是宋词，二是诗话。前者是特殊形态的诗；后者是诗的美学。元代主要是元曲和元杂剧。戏曲在元代成熟，产生了一些理论，实际讲的是戏剧美学。

---

① 周桂钿．中国传统哲学［M］．福州：福建教育出版社，2017：154.

② 韩德信．隋唐五代审美文化特征论［J］．淄博学院学报（社会科学版），1999（2）.

八、明清时期

明清时代从艺术上看，最有代表性的，一是小说，二是戏剧，三是园林艺术。此外还有建筑和绘画。明清以宫室建筑为代表，故宫就是典型。其时版画颇具特点，有很高的审美价值与此相联系的是美学思想，其时已达到了整个封建社会的最高成就。最有代表性的美学论著有：李渔的戏剧美学专著《闲情偶记》，刘熙载的艺术论著《艺概》，叶燮和袁枚的诗歌美学论著《原诗》和《随园诗话》等。

到了晚清，中国美学思想又发生了深刻的变化。原因自然是多方面的，但主要是受了西方外来文化又一次大的冲击，促进中国美学思想发生了又一次新的变化。这说明“对外开放”是符合文化发展的客观规律的。

第二节　中国经典艺术作品的美学精神及美育解读

一、中国戏曲作品的美学精神与美育解读

（一）中国戏曲作品的美学精神

1. 程式美

从戏曲审美的角度来说，程式化是古典戏曲一个很重要的甚至是根本性的特征。[①] 脸谱是中国戏曲的重要组成部分，也处处体现着中国戏曲的程式之美。戏曲脸谱的程式化是艺术普遍规律的要求，戏曲中的脸谱也相当明显地表达了剧中人物的喜恶情感。通常，脸谱包括用色和构形两个方面，但即使是同样的脸谱，从个人风格来说也不尽相同，但有一个共同的特征，就是都具有艺术的张力和魅力。先说用色，脸谱的用色来自生活，这点是毋庸置疑的，但是又带有艺术的夸张性，从而将人物典型化、程式化。例如，戏曲舞台经常以“黑脸直，红脸忠，白脸奸”来辨别，再将唱腔加以个性化，风格、动作造型等加入其中，这样脸谱就体现着一个人的道德、脾气、品行等，使观众对于其角色的定位有一个初步的认知。如此一来，原本红、黑、白这些中性的词汇，

① 欧阳启．中国古典戏曲鉴赏［M］．北京：文化艺术出版社，2015：68.

在戏曲脸谱中就被赋予了强烈的道德情愫和价值概念，使其意义远远超过了颜色本身。在传统的民族民间戏曲文化中，以脸谱为例所展示的颜色之程式，与人的民俗及民间生活有着紧密的关系，并且显示了人们的文化追求和信仰以及人民大众对于道德伦理的观念和选择。而在脸谱上，如此种种在细微地体现着。

脸谱上颜色的夸张有着强烈的情感倾向，同时也体现出观众对人物的道德判断。戏曲脸谱中，会用许多夸张的颜色来区分人物，达到突出的艺术效果：主角一般打扮大方素美，而丑角被刻意地打扮怪异。那些夸张的颜色，其主要意图当然是要将角色加以区分，但是背后的意义是通过距离来获得更多的审美感知，这就是最大的价值。同时脸谱的色彩又微妙地体现了人物的道德系统和内心世界，搭配着复杂而婉转的唱腔、念白、道具，更加体现了当时社会的民俗民风。在舞台上，给脸谱画上了不同的色彩，实际上就是借助不同的色彩来表达不同的含义，而这些含义则包涵了丰富的文化底蕴——对于道德伦理的认知以及普遍的审美观点和情感诉求等。

戏曲的程式化的艺术形式绝非是表层化的表现，而是具有一定深刻寓意的精神内涵。宗白华先生曾所言："音乐是形式的和谐，也是心灵的律动，就同大宇宙的秩序定律与生命之流动演进不相违背。"① 戏曲中的脸谱和其他表现形式，正如贝尔（Bell）所言是一种"有意味的形式"②，这是形式主义美学所提倡的观点。贝尔在《艺术》一书中提出，艺术品的最本质的特点就是有意味的形式，而这个形式就是对于某些特殊情感的表达。戏曲艺术是一种视觉同时也是一种听觉的艺术，而一切的艺术品都是可以唤起某些人性中的特殊的感情的。如果艺术的创作能够唤起人心中的一切审美对象普遍而又特有的性质，那么这些创作便解决的审美环节中的关键问题。戏曲艺术中线条、色彩以及各种方式组合成一定特殊的形式，激起了观众心中某种特殊的情感。那么这些特殊的组合而成的感人形式就是"有意味的形式"。在艺术的外在表现来看，这些有意味的形式是一切艺术最本质的特点。在戏曲的审美方面，戏曲不仅是一种精神活动还是一种社会文化活动。颜色只是其中表达的一部分，加上唱腔、念白以及造型、动作，一切外在的形式都表现了人的心理活动，而每一个构成要素都包含着人们的审美意蕴，当然这种审美并不仅仅是对于自然的情感，也不同于生活中情景简单再现所产生的情感，戏曲艺术所具有的"有意味的形式"是通过纯粹的形式去表现艺术家的审美倾向和情感，最终表达最

① 宗白华．美学散步——希腊哲学家的艺术理论［J］．新中华，1949（创刊号）．

② ［英］克莱夫·贝尔．艺术［M］．北京：中国文联出版公司，1984：3-4.

实在的终极意义。

2. 真与善之美

真与善往往在戏曲演出中就是情与理的关系。求真指向认识价值，求善则指向的是伦理价值。客观地说，在艺术匮乏的古代社会里，戏曲不仅仅具有审美功能，又担当着道德教化及知识传播功能。但当我们理解道德的时候，不能简单地将其等同于所谓的“封建道德”，应该将其视为有修养、修为的审美意识，不仅具有传播知识的功能，还要从精神层面上提升。使得人们的人格品位、文化修养和道德内涵得以升华，从而将真善美有机融合为一个艺术的整体，戏曲才得以完成最终的任务。

从科林伍德（Collingwood）的语言表现美学的角度来说，艺术是想象性和表现性的结合，因此艺术必然是要通过语言去表达的，因此“艺术必然是语言”。[①] 科林伍德的思想是在继承了克罗齐（Croce）的直觉表现主义的基础上发展而来的。首先艺术是一种情感表达的方式，这与意识、语言以及感受情感的方式等有着某些关系。当艺术家在表现情感的时候，其实是将自己的情感明朗化，使之成为自身的一种个性化表现。然而这种个性化的情感却不一定是艺术家自身的情感，他只能是一种社会的情感，是能够和大众产生共鸣的一种情感。戏曲的内容和演出正是表现了这种美学思想。在内容的创作上戏曲用最接近生活化的描写和语言，用人们熟悉的场景和台词，去引发人们心中的共鸣。在一些情节、人物设置和场景上虽然是完全从生活中升华出来的想象，是现实生活中所没有的，但这些却体现了人们的向往和心底最深处的渴望。以泗州戏的经典剧目《四告》《休丁香》《二反》为了，剧中的情节是人民大众最关心的问题，体现了大多数人的忧虑和期待，同时传达了一种普遍的价值观，问题的最终解决，则是秉持了一种最理想化的原则，同时正如人们期盼的那样，获得了公平和圆满的结局。情节的跌宕起伏使人们在观看时能感受人物生活经历的波折，让人们唏嘘感叹美好的来之不易。因此，这些剧目获得了人们普遍的共鸣和长远的生命力也是理所当然。

同时，科林伍德认为艺术是一种想象性的经验，他认为想象性的经验是相对于特殊性经验来说的。当人们通过感官直接获得感受时，即为特殊性经验。然而无论是艺术创作时作曲家获得的感受还是观众在欣赏时获得的体验，这种不是通过个别器官直接获得的感受，而是通过意象、想象等得到某种精神上的体验，即是想象性经验。[②] “艺术是语言” 表达的是艺术是需要通过语言去表

---

① 周春宇．西方美学的历史构成［M］．兰州：敦煌文艺出版社，2002：256.

② 畅广元．二十世纪西方文学理论［M］．西安：陕西人民出版社，1990：16.

现的。语言不仅仅是指平时生活的言辞，也包括与语言表现方式相同的任何器官的表现。或者语言可以理解为，为了表达我们获得的情感，用一些可以在我们控制之下的任何表现方式都是语言。当然语言本身就是表达思想的一个重要方式及载体。如戏曲作品中的一些更宽泛的“劝善”内容。在一些戏里常灵活地插唱一些“表贤良”“劝世文”“孝顺歌”之类。

戏曲中还有一些直接为“劝善”而编的戏，其道德内涵也常比“忠孝节义”更宽。这种来源于生活的真，又加上劝善，这些注入大众情感体验的艺术创作，往往让不读诗书的平民百姓，在听曲看戏时受到了感化而将传统的伦理道德铭刻于心，代代相传。

3. 虚拟与写意之美

在戏曲中，美深深扎根于娱乐中。娱乐为人人身心所必需，也自然是全社会的一种基本文化需求。戏曲紧紧抓住了这一最具普遍性的需求，从而建立起与社会沟通的第一条重要渠道。古人云：“百物之中，莫灵贵于人，然莫愁苦于人，……此圣人所以作乐以宣其抑郁，乐工伶人之亦可爱也。”① 中国戏曲中的一切表现形式无不超脱凌空，不落现实，其实就是用象征、比喻、意会等方式将生活中的场景进一步美化、艺术化。因此，中国戏曲文化的优点及长处充分体现在能够运用意识技巧来表达人生以及内心深处的意涵，从而获得听众的共鸣。京剧大师荀慧生曾经说：“在一般的传统戏曲里，台上总是没有布景、实物的，戏曲演员的表演，不仅要表现自己的动作和思想，有时还要将人物所处的环境，通过动作介绍出来。”②

这种虚拟写意的艺术特征同时也体现了胡塞尔（Husserl）现象学美学的观点。他的现象学方法论可以用本质直观、返回事实概括。他认为一切人产生的主观意象都是指向对象的意象，同时一切所指的对象又是使人产生意象的对象。③ 在胡塞尔的理论体系中，事物并不是客观存在的，也不是纯粹意念的集合，而是人主观意象与所指对象的有机统一，是超越前两者的意象客体，所以在艺术创作中应秉持着本质直观的方法，返回事物本身才能去发掘、了解事物。有时在戏曲创作中，当人们抛弃所谓的修饰、地域、环境等因素时，就可以找到事物本身的，最普遍的本质，在立意现实的基础上，才有了各种的虚拟描写，当然在此基础上创作出来的艺术也是大众所能接受、喜闻乐见的内容，因为这种艺术创作已经牢牢扎根于生活，并体现在生活中。

---

① 胡祇遹.《赠宋氏序》.

② 荀慧生. 荀慧生演剧散论［M］. 上海：上海文艺出版社，1980：123-124.

③ 张璟. 胡塞尔现象学方法论探析［J］. 安顺学院学报，2015，17（4）.

于是，戏曲的演员和观众从这种艺术的表演世界里实现了精神与心灵的大解放、大自由。这些更对应着中国传统文化和审美精神，也是中国百姓对自由和人生艺术化的强烈呼吁、追求和渴望。而且，戏曲所产生和繁荣的时间主要是农业文明时代，它有极强的地域和民族特征，对欣赏者的经验和生活积累都有一定的要求。所以，写意化、虚拟化的戏曲艺术表演具有深厚的农耕文明基础，往往就是民间生活最真实的写照，有着很深刻的审美意义。

（二）中国戏曲作品的美育解读

1. 树立正确的审美观念

审美教育是现代教育不可缺少的重要组成部分，它的基本任务就是要培养和提高人们对现实世界（自然和社会）以及文艺作品的审美感受能力、鉴别能力、欣赏能力和创造能力，帮助人们树立崇高的审美理想、正确的审美观念和健康的审美情趣，使人们热爱真、善、美，变得文明、高尚、积极，得到身心的全面发展和成长。这里所说的审美观念是由审美经验的积累和归纳而成的美的意识的反映形态。它是一种体现着事物审美特征，体现着美的规律的典型的意向。审美观念作为审美意识的成分之一，与借助理性抽象而形成的一般科学概念有不同的特点，它是运用形象思维按照审美对象的一定的种类范畴，经过概括和集中化，加以创造性的改造、提高而形成的。戏曲艺术教育，是以中国传统戏曲为媒介而进行的审美教育，为了适应这种审美教育的要求，必须要树立健康正确的审美观念。

首先，戏曲是中国的艺术瑰宝，赢得了世界性的声誉，作为学生应该对戏曲有一个正确的评价，不能盲目地排斥戏曲。“越是民族的越是世界的”，歌剧、芭蕾舞与戏曲一样，代表着某一个民族的艺术成就，而戏曲凝聚着中华民族辉煌灿烂的文化，是中国的骄傲。作为一个新时代的中国人，要以端正的态度来看待戏曲，应该以拥有这样伟大的艺术而感到自豪。

其次，戏曲包含了无数前人的创造，是了解中国文化的重要途径。中国的传统艺术有很多的门类，而戏曲作为一种综合性的艺术包含了文学、美术、音乐、舞蹈等多种艺术形式，通过戏曲可以了解和欣赏到多种多样的民族艺术，这不能不说是一条捷径。而且，即使想钻研某一门传统艺术，也不能不对戏曲有所了解，比如，学习国画，不能不了解戏曲的服饰与脸谱；学习民乐，不能不了解戏曲的伴奏与声腔；学习古文，不能不研读古典戏曲名作；甚至研究中国哲学、美学，也不能不谈到戏曲的人文思想和美学理念……总之，戏曲对于了解和研究民族传统文化具有非常重要的价值，欣赏戏曲的过程也是一个感受民族文化、获得文化知识的过程。

最后，戏曲中凝聚着中华民族的传统美德，是进行传统思想品德教育和民族精神教育的重要途径。很多戏曲作品都取材于历史典籍，这些剧目不仅反映了历史上重要的人物和事件，更讴歌了英雄人物身上所具有的爱国主义精神、集体主义精神和无私奉献的精神，反映出中华民族艰苦卓绝、可歌可泣的奋斗历程。而那些表现家庭琐事的戏曲作品，则通过塑造具有宝贵品质的普通人形象，抒发了对真挚的爱情、友情与亲情的歌颂，表达了人们追求和谐生活的美好愿望。戏曲不仅凝聚着广大人民群众的道德观念与人生理想，而且这种思想观念又是通过艺术的形式表现出来的，更具有感染力，也更容易被人们所接受。因此，通过欣赏戏曲来体会和感受中华传统美德，既是一个行之有效的方法，也是一种寓教于乐的方法。

2. 培养一定的审美修养

审美修养，是人们通过一定的方式、手段、途径从自我和外界两个角度培养自身的审美观点、审美情趣、审美理想以及鉴赏和创造美的能力，提高审美水平，丰富和完善人生的过程。[①] 在思想道德修养中，审美修养是不可或缺的部分。审美修养对人的健康成长具有重要的智育价值，这种价值主要表现在开发人的智力水平上。人们进行审美活动时，主要是运用感性思维和形象思维，而人们平常在认识事物的过程中，则往往运用理性的、抽象的思维方式。这两种思维方式是相互影响、相互促进的，良好的审美修养可以促进这两种思维能力的协调发展。因此，积极参加审美活动对于人的观察能力、理解能力、想象能力的发展，都具有巨大的促进作用。戏曲是一门博大精深的民族艺术，为了能培养对戏曲的鉴赏能力，应该通过多种方法培养审美修养。

一方面，培养审美修养要依靠理论与实践相结合的方法，指导学生参加审美活动是提高审美修养的一条重要途径。在戏曲艺术教育中，戏曲是审美欣赏的对象，因为戏曲具有综合性的特征，因此对戏曲的欣赏也要采取灵活多样的形式。艺术欣赏是一种创造性的活动，欣赏并不是单纯被动地接受，它要求学生积极地参与和主动地探求，从欣赏的过程中感知戏曲艺术的美、了解戏曲艺术的内涵。开始时可以先以观摩片段的形式让学生对戏曲有一个初步的感性认识，随着教授的深入和细致，看戏要逐渐转为在教师的指导下有针对性地观摩活动。在欣赏课中，要根据学生的实际情况，认真分析、巧妙设计，调动学生学习的积极性，让他们主动地去思考、去想象、去讨论、去实践、去创造。

另一方面，戏曲是一种表演艺术，提高对戏曲的审美修养不应该只停留在理论知识的层面上。让学生亲身参与戏曲实践，在一招一式中感受戏曲的艺术

① 向万成．文艺鉴赏学［M］．成都：四川大学出版社，2013：165.

规律，这种方法能够让他们获得更加深刻而生动的印象。教师可以组织各种形式的戏曲俱乐部，配合理论知识的介绍，由专业的戏曲从业人员来教授戏曲技能，还可以举办专场汇报演出，让其在学习的收获中体味更大的审美愉悦，从而增进对戏曲的了解和热爱。

3. 运用恰当的审美方法

（1）情感投入与认识活动相统一

艺术作品寄托着艺术家的情感，在艺术欣赏过程中，欣赏者会不自觉地受到作品的感染，与艺术家进行心灵和情感的交流，所以艺术欣赏也包含着一个情感活动的过程。戏曲带给人们的不仅是感官的享受，其中包含着丰富的情感和思想。如果只是冷眼旁观，把戏曲仅仅看作消遣的手段，那就很难理解戏曲的精髓，无法获得真正的欣赏效果。在欣赏戏曲的时候，要经历一个情感投入的过程，以关切的、崇敬的目光来看待戏曲，试着用戏曲的思维来理解舞台上的一切，这样才能真正进入戏曲的世界。艺术欣赏又是一种认识活动，戏曲也是对现实生活的反映，不同时期的戏曲作品不仅可以告诉我们当时的社会现实、社会思潮，也可以告诉我们当时人们的思想观念与人生理想。最重要的是，戏曲能够让我们了解中国所特有的艺术表现形式。在投入情感欣赏戏曲的同时，还要把戏曲当作一个认识和研究的对象，力图通过欣赏活动优化自己的知识结构，从而获得多方面的艺术陶冶。

（2）感性与理性的统一

戏曲中有大量作品表达了对忠贞、勇敢的礼赞，对苦难、不平的控诉，对公正、无私的呼唤，这反映了世世代代勤劳善良的中国人所保有的原则和理想。虽然，有些剧目的内容在今天看来已经不太新鲜了，但许多做人的基本准则和追求人与社会相和谐的理想是不会过时的。所以，即使在今天，也不能只把戏曲当作单纯的杂技和歌舞来看，而是要在理性的层面上，思考和感悟戏曲所承载的民族精神，从中获得宝贵的人生教益。与此同时，虽然戏曲具有“文以载道”的特点，但其首先是一门艺术。欣赏艺术，最基本的环节是感性体验，也就是置身于作品所创造的审美境界之中。不能抛开艺术欣赏去谈论戏曲，而要最大限度地运用感性思维、调动艺术想象力去感受戏曲的美。如果看不懂唱、念、做、打，即使能把戏的主题思想分析得条条是道，仍不能算是真的欣赏戏曲。戏曲不是案头艺术，其生命力表现为丰富多彩的艺术手段，而不是生硬的哲理。在欣赏一出戏的过程中，不仅得到了视听上的审美愉悦，也经历了一场内心的激荡，这样才可以超出审美情境，思考作品的主题、历史意义、社会背景等等。在欣赏戏曲的过程中，必须做到感性体验与理性认识的统一，才能最大限度地体味戏曲美善合一的艺术追求。

二、中国绘画作品的美学精神与美育解读

（一）中国绘画作品的美学精神

1. 意境

意境是中国古典美学的重要范畴，也是中国传统绘画最富民族特色的审美标准，既是画家创作的原则，也是鉴赏原则。意境不同于自然主义的摹写或简单的自然忠实，也不同于抽象主义的表现，而是寓情于景，景因情设，情因景生，从而产生出形象有限而意象无穷的艺术境界——“境”。意[1]境是文艺作品中所描绘的生活图景和表现的思想感情融合一致而形成的一种艺术境界，在一幅优秀的作品上，渗透了画家的情感，使画面呈现出一种“情景交融”的艺术境界，这种艺术境界具有极大的魅力，作品的艺术价值在很大的程度上是通过艺术形象表现出来的，这一形象必须是“形神兼备”的理想的艺术形象，这样才能具有“诗情画意”，引人入胜的效果。

2. 形神统一

形神是中国传统美学的一对古老的概念，也是绘画美学中运用得最多的概念。在绘画上形与神是辩证的统一体。“神”指人物的个性和精神面貌以及特定环境下表现出来的表情和性格；“形”就是人物的形体结构，位置比例以及解剖、透视、空间和量感、质感等因素。[2] 我国东晋时的顾恺之，就指出“实对”是空有形似而不能传神，只有“悟对”才能“通神”，也就是以形写神达到形神兼备。

3. 气韵生动

意指“六法”中之气韵生动，“气韵生动”是南齐谢赫在道家美学思想基础上提出来的，他把气韵生动放在六法中的第一位，足见其重要性，气韵生动最准确、最集中、最深刻地概括了中国绘画艺术的审美特征和基本精神，是构成中国绘画艺术的传统审美尺度最根本的审美特征。[3]

气韵生动这个命题高于传神写照，着眼于宏观的自然与人生，立足于生命结构和自然生命运动的统一，更具有艺术本体论的深刻含义。因为中国绘画艺术受儒、道、释影响是很深远的，所以，对气韵生动的诠释依然是学术上的难

---

① 刘静霞，张本霞，郭佳慧．绘画美学与艺术理论研究［M］．北京：新华出版社，2015：69.

② 贾茜茜．浅谈中国绘画美学思想中的形神兼备［J］．山西农业大学学报（社会科学版），2008（3）．

③ 曹斌．中国绘画之“气韵”再探析［J］．齐鲁艺苑，2016（2）．

点之一，就像老子在《道德经》中所言：“道可道，非常道，名可名，非常名。”真正能用语言将其阐述清楚，也不是它真正的内涵了。“气韵生动”这一绘画命题有其复杂性和深刻性。气韵不能简单地归结为“笔气”或“墨气”等等，它是由多方面审美因素组成的一个动态的生命结构，古人把这个结构称之为“势”。郭熙在谈山水画时说：“远望之以取其势，近看之取其质”。王夫之也说：“论画者曰‘咫尺有万里之势’”。气韵生动要求画家放眼自然，胸有成竹，大处落墨，大胆下笔，一气呵成，在有限的画面里去表现无限的生命力和人生哲理。

4. 天人统一

古代论画词语，作者以画寓意，描写景物时，名花折枝，构图别致，枝叶婉转，向日舒笑，迎风欹斜，含烟弄雨，初开盛放，布置笔端，具有天然之趣。天人统一观是中国古代的一种哲学思想，其大致内涵是：人和自然的关系不是对立的，而是亲密无间、相互统一的关系。宗炳在《画山水序》明确地提出“圣人含道映物，贤者澄怀味象”。他认为山水画不是对客观存在的机械反映，而是画家主观世界的表现，是蕴含思想、规律、智慧的感悟方式。“澄怀味象”中的“澄怀”有排除杂念、涤荡心胸之意；“味象”，指通过对宇宙万物的关照以观“道”。① 这种理论可以上溯到老子的“涤除玄览”与庄子的“以天合天”，它充分地说明艺术家应将自己融入自然，在自然中感受生生不息的生命力和诗情画意。艺术创作也应该像自然一样不断变化，自由自在。为了达到这一点，艺术家应该超凡脱俗、弃绝杂念，达到心灵的率直纯洁、精神高雅透彻，技艺毫不造作、自由而自然。在这个思想的影响下，许多文人画家隐居山林，追求自然情趣。

5. 虚实统一

在一幅中国画作品中，虚与实的辩证的统一，才能完成艺术的表现，形成艺术的美。虚实是中国古典美学的一对重要范畴。它们相辅相成，对立统一，在美术创作和美术理论中被运用得十分广泛。可以说，中国画比任何一种画种都格外重视虚实的运用。中国画受老子的哲学思想的影响是很深刻的，老子的“道”通常以两种形态出现，一是“无”，一是“有”，“道”即“无”与“有”的统一，虚与实的统一。传统中国画的状态正是这种思辨哲学的状态。饶自然的《绘事十二忌》中第一忌就是“布置迫塞”，认为若“充天塞地”，满幅画了，便不风致了。既然“有”“无”是相互的，着笔与空缺同样具有真实意义。画面中的虚无绝不是一片空洞，它代表了云气、水气、神气，是遮

① 戴旋．中国画审美与文化［M］．合肥：合肥工业大学出版社，2017：30.

蔽、隐约、包含；这种虚无一方面表示着朦胧的物象，一方面隐藏着更多的秘密，没有实际的指向，却有实际的作用。历代的画家将老子的“有”“无”观念运用在绘画上，解放了视觉画面的局限性，将欣赏者的视线引向了更为广阔的空间，这正是中国画在唐宋以后弃真求写、偏重神似、意笔草草的出发点。

6. 中和为贵

要彻悟中国绘画所蕴含的深层道理与规律，必须弄明白中和原理。中和原理早在中国易学智慧中就已经形成。《易经》中有“尚中正”“大君之宜，行中之谓也”的卦辞。《礼记·中庸》则进一步从天人关系、宇宙规律的角度给中庸之道以形象而科学的解说：“喜怒哀乐之未发，谓之中。发而皆中节，谓之和。中也者，天下之大本也，和也着，天下之大道也。致中和，天地位焉，万物育焉。”这是中庸的核心思想，是以天道喻人道。其本质是中、和、度。和谐和秩序是宇宙的美，也是人生美的基础。但是中庸之道并不是庸俗一流，并不是依违两可，而是一种不偏不倚的毅力综合的意志，力求取法乎上圆满地实现个性中的一切而得和谐。所谓“中和”就是指统一体的协调和均衡性。“中和”就是适度、中允、不偏不倚、反对过与不及。也就是说既对立又统一的事物，任何一方都不能过分地突出自己，只有相互渗透，相互协调，相互补充，才能达到最佳状态。

孔子的“中庸之道”，讲的就是这个道理。“和”是传统的哲学概念，也是传统的美学概念，美就是和，和也就是美。美是调和矛盾以超人和谐。所以美对于人类的情感冲动有净化作用。这个艺术的有机体对外是一独立的“统一形式”，在内是“力的回旋”，丰富复杂的生命表现。这种观念与西方哲学中的“和谐起于差异的对立”基本上是一致的，但是略微不同的是，西方美学更侧重于对形式美法则的探讨，而儒家的中和思想与社会的政治伦理、修德养性有密切的关系，道家则以天地和谐为最高境界，必须抛弃功利杂念，进入“物化之境”。“解衣般礴”就是很典型的例子：“宋元君将画图，众史皆至，受揖而立，舔笔和墨，在外者半，有一史后至者……则解衣般礴裸。君曰：‘可矣，是真画者矣。’”[①] 庄子的这则寓言原本意在说明道家所奉行的人生态度，即要自然而然，不受礼法束缚，不受外界干扰，讲绘画的故事只是一种借喻。但它却同时说明了在绘画创作中作者应持有的正确心态。这种心态应该舒展胸襟，敞开怀抱，排除杂念，不受功名利禄或仁义礼智等观念因素困扰，保持一种自如真淳的精神状态。

儒道二家的这些思想对中国绘画影响很大：第一，由于崇尚自然，中国的山

① 俞剑华．中国画论选读［M］．南京：江苏美术出版社，2007：13.

水画得到了很大的发展，隋唐之后，成为中国画的主流；第二，中国的国画很少反映激烈的阶级冲突和社会冲突，追求中和，多表现山水树木，鱼虫花鸟，即便是人物画，也都是“成教化，助人伦”① 的作品。像《八十七神仙卷》《听琴图》《韩熙载夜宴图》《清明上河图》等等，都充满了祥和、中和的思想倾向，而像《自由引导人民》《希阿岛的屠杀》《梅杜萨之筏》《1808年5月3日马德里的枪杀》等表现战争或激烈的阶级矛盾和冲突的西方绘画作品，在中国传统绘画中是看不到的，这不能不看出中和思想对中国绘画的深刻影响。

（二）中国绘画作品的美育解读

1. 利用绘画作品培养人们视觉上的审美敏感

经常欣赏绘画或者直接参与绘画艺术的创作实践，可以将人们对于视觉审美形式的感受逐渐内化为自己的审美能力。现在，越来越多的舞台美术设计、广告设计、建筑设计、装饰设计、服装图案设计、工业品艺术设计等采用了绘画艺术的不同表现形式，经常欣赏绘画作品无疑能够培养人们视觉上的审美敏感。

2. 借助绘画作品促进人们对社会风貌的直观认识

绘画作品对于人们了解过去的社会风貌和异国风情提供了丰富而生动的材料。例如，中国古代绘画中最早的作品《人物龙凤帛画》，画面下方是一位冠饰精美的侧身妇人，她阔袖长裙，体态优美，双手合掌前伸，神态庄重，似在祈祷。妇人头上正中是一只腾越飞舞的凤鸟，尾羽向上卷扬，双足腾跃，目光有神；左上方是一条弯曲扭动的龙，黑白相间，纹彩灿然。全图描绘一个女巫为死者祝福，祈愿飞腾的神龙神凤引导死者的灵魂登天成仙。这为人们了解奴隶社会时期文化提供了生动的材料。

南唐著名人物画家顾闳中的稀世珍品《韩熙载夜宴图》以南唐中书郎韩熙载的生活逸事为题材绘制而成。韩熙载原是北方贵族，因战乱南逃，被南唐朝廷留用。后主李煜想重用他，但又不放心。身处逆境的韩熙载以生活上纵情声色的方式去转移同僚的视线，蒙蔽朝廷的耳目。李煜出于“惜其才”，以为他生活太放荡，特命顾闳中夜至其府邸，偷看并目识心记，绘成此图，并想通过此图规劝韩熙载。

《韩熙载夜宴图》是一幅由听乐、观舞、暂歇、轻吹和散宴等五个既可独立成章又相互关联的片段所组成的画卷，绘声绘色地表现了韩熙载玩世不恭的生活态度和忧郁孤趣的苦闷心情，客观上起到了揭露封建统治阶级奢靡腐朽的

① 张彦远.《历代名画记》.

生活和内部激化的矛盾的作用，是具有一定思想深度和现实意义的作品。作品如实地再现了南唐大臣韩熙载夜宴宾客的历史情景，细致地描绘了宴会上弹丝吹竹、轻歌艳舞、主客糅杂、调笑欢乐的热闹场面，又深入地刻画了主人公超脱不羁、沉郁寡欢的复杂性格。一方面，他在宴会上与宾客觥筹交错，不拘小节，如亲自击鼓为王屋山伴奏，敞胸露怀听女乐合奏，送别时任客人与家伎厮混，充分反映了他狂放不羁、纵情声色的处世态度和生活追求；另一方面，他又心不在焉、满怀忧郁，如擂鼓时双目凝视、面不露笑，听清吹时漫不经心，与对面侍女闲谈，这些情绪都揭示了他晚年失意、以酒色自污的心态。画家塑造的韩熙载不仅形象逼真，具有肖像画性质，而且对其内心挖掘深刻，性格立体化，可以说真实地再现了这位历史人物的原貌。

3. 通过绘画作品怡情养性、陶冶情操

中国的文人士大夫常常把他们的志趣、抱负、理想、情怀寄托在笔墨丹青之上，使得封建专制桎梏下正常的人性能够在艺术上得以体现。苏轼的水墨作品《古木怪石图》，把枯树画得如龙蛇盘屈、无始无终，石头的皴法线条也是扭曲回环，像是萦绕在苏轼胸中的苦闷、矛盾的情绪，把题材做了人格化、心灵化的处理，把因政治原因不利于身体健康的因素通过绘画艺术升华为有利于健康的精神享受。关山月和傅抱石合作为中华人民共和国成立10周年所绘制的巨幅国画《江山如此多娇》，气魄之大、意境之新、布局之美令人称绝：一轮红日从东方升起，普照大地，山峦起伏，连绵不绝，浩浩瀚瀚，郁郁苍苍，其下飘动的烟云，回绕着整个大地。古老的长城，奔腾的黄河，蜿蜒的长江，世界屋脊的珠穆朗玛峰，都形象地跃然于画上。近景是一片青绿的丛山，其间点画了茂密的树木。这幅画充分展现了祖国江山的雄壮、辽阔，富有时代新意，观看后使人爆发出极大的爱国热情。

第三节　优秀传统文化的美育实施及启示

一、优秀传统文化的美育实施

（一）优秀传统文化的美育价值

1. 优秀传统文化中的自然之美

自然之美是指自然事物所呈现出的美，与社会实践不可分离。对于同一自然事物，不同的人有不同的美的感悟。直观的自然之美与微观的美学感悟都是传统文化中自然美的资源。在中华传统文化中，巍峨山川、茂林修竹、曲水流觞、浩瀚星空、广袤海洋是自然对人类美的恩赐，更是不同风骨、不同性情的表征。李白看见巴山蜀水，发出“蜀道之难，难于上青天，使人听此凋朱颜！连峰去天不盈尺，枯松倒挂倚绝壁。飞湍瀑流争喧豗，砯崖转石万壑雷”的感叹；周敦颐“予独爱莲之出淤泥而不染，濯清涟而不妖，中通外直，不蔓不枝，香远益清，亭亭净植，可远观而不可亵玩焉”。在这些描写自然美的优秀传统经典中，贯穿了洁身自爱的高洁人格、强烈的爱国精神。这些都是实施美育工作的重要资源。

2. 优秀传统文化中的艺术之美

中华优秀传统文化中的艺术之美，是美育的重要资源。它主要涉及音乐、舞蹈、绘画、书法、文学作品等领域，每一领域都有其独特的美育资源。例如，《乐记》中记载：“德者，性之端也；乐者，德之华也。金石丝竹，乐之器也。诗，言其志也；歌，咏其声也；舞，动其容也。三者本于心，然后乐器从之。”再如，书法与绘画的理想境界是和谐，通过笔画、色彩、线条实现平衡与美观。王羲之的《兰亭序》被誉为“天下第一行书”，整体布局均衡雅致，其中的每个字姿态各异，但又有张有弛、收放自如，体现了“和为贵”的中华优秀传统价值观。中华古典音乐、舞蹈、书法、绘画、文学作品皆发自内心，与道德之美、和谐之美相互融合，这是中国优秀传统文化独有的特征。

3. 优秀传统文化中的人文之美

中华优秀传统文化中的人文之美，也包含了美育资源。它本身就重视形而上的精神，蕴含着丰富的人文哲理，如庄子“物我两忘”的创作意境，孟子“养浩然之气”的人生格言，董仲舒“天人合一”的哲学追求，屈原“路漫漫其修远兮，吾将上下而求索”的坚韧精神，诸葛亮“鞠躬尽瘁，死而后已”的人生要求，陶渊明“不为五斗米折腰”的高尚情操，范仲淹“先天下之忧而忧，后天下之乐而乐”的爱民情怀，文天祥“自古人生谁无死，留取丹心照汗青”的崇高气节等。这些优秀传统文化蕴含着丰富的人文之美，有助于引导学生认识美丑、明白是非，起到感化学生心灵、健全学生人格的作用，最终达到创造美的目标。

（二）优秀传统文化美育实施的路径

1. 推进优秀传统文化与美育课程教材的融合

系统的课堂教学是学校美育的重要环节。《完善中华优秀传统文化教育指导纲要》指出：“鼓励有条件的高等学校统一开设中华优秀传统文化必修课，拓宽中华优秀传统文化选修课覆盖面。面向各级各类学校重点建设一批中华优秀传统文化精品视频公开课。加强中华优秀传统文化相关学科建设。”① 实现优秀传统文化与学校美育的当代建构，需立足于学生的成长规律和美育的教学规律，从优秀传统文化中挖掘、分析、整合相关素材，编写具有地方传统文化的美育教材，借助课堂学习的阵地开展审美教育。当然，推进优秀传统文化与学校美育课程的融合，不是将优秀传统文化直接嫁接进学校美育的教材，而是应根据具体内容进行加工整合。

首先，注意辨别和挖掘传统文化的精华。传统文化中一些封建落后的思想、理念，倘若不加辨别地将其纳入学校美育教学中，是极其不利于学生健康成长的，甚至可能将学生引入歧途。青年学生虽然对浅显且常见的传统文化知识已经有了较好认识，但在选择性地辨别与吸收传统文化中蕴含的精华成分方面却明显不足。因此，推进传统文化融入学校美育教材，既需要将其中不利于学生成长的糟粕剔除，又需要根据学生的知识架构选取具有一定深度的传统文化内容。

其次，推进优秀传统文化进教材需要做好传统文化的阐释工作。譬如，优秀传统文化中的文学创作于千年以前，语言结构和文学语境与当代学生所处的时代不同，因此，做好传统文化的现代化阐释显得尤为重要。立足现代学校美育的基点对优秀传统文化妥善到位的阐释，一方面可使学生在接受学校美育过程中减少自身与优秀传统文化之间的隔阂感，在美的熏陶中加深对传统文化的认识；另一方面也可使从事学校美育工作的教师补充、完善自身原有的关于传统文化的知识组织结构。

最后，推进优秀传统文化进教材还需结合现实需求和时代特点，以增强对学生的吸引力。当今信息时代，学生每天都能在互联网上接触到海量信息，尤其对那些具有强烈吸引力的信息给予更多关注。所以，学校美育需将优秀传统文化的内容与学生关注的内容结合在一起，利用新媒体、动漫、网络用语等“年轻化”的传播方式进行整合，从而赋予优秀传统文化以现实吸引力。

2. 推进优秀传统文化与学校美育实践活动的融合

除了课堂学习之外，学校美育工作的另一个重要阵地便是第二课堂的活动。在学校美育的第二课堂中，学生可以通过实践活动来感悟美、体验美、创造美，从而达到知行合一的学习效果。通过美育实践活动可以让参与的学生增强文化的认同感和归属感。所以，美育实践活动是实现优秀传统文化在学校中

① 杨丽萍．传统文化教育的时代语境与推进路径——基于《完善中华优秀传统文化教育指导纲要》的解读［J］．西南民族大学学报（人文社科版），2015，36（4）．

可持续发展的有效途径。

推进优秀传统文化与学校美育活动融合，可以以学校美育的目标为指导，立足优秀传统文化，分年级、分专业制定具体的实施方案。例如，可以通过举办读书会活动，引导学生阅读经典，领悟传统文学之美，从而提高自身的审美趣味；也可以组织学生开展文化艺术节、成人礼、话剧、历史剧、文艺晚会等活动，让他们在审美体验中提高创造美的能力；还可以邀请诸如剪纸、木雕、民乐、戏剧等非物质文化遗产代表性传承人进入校园，开展传习优秀传统文化的活动，甚至开设专门实践课程，这样既可以吸引学生参与，提升学生鉴赏美的技能，也有助于优秀传统文化的传承。

二、优秀传统文化中的美育思想对当代教育的启示

（一）传统诗教美育思想对当代诗教的启示

1. 传统诗教的美育价值

诗教美育通过审美触发感情，培育道德人格。美育属于人文教育，它的终极目标是发展完美的人性。孔子将“温柔敦厚”作为人之性情的审美理想，《礼记·经解》引孔子语，“入其国，其教可知也。其为人也温柔敦厚，《诗》教也……故诗之失愚，《书》之失诬，《乐》之失奢，《易》之失贼，《礼》之失烦，《春秋》之失乱，其为人也，温柔敦厚而不愚，则深于《诗》者也。”成为“温柔敦厚”之人是《诗》教的效果。

《诗经》最能体现这一美学传统，强调温和折中的稳定态度，既不冷淡也不过分热情的“度”。“敦”“厚”也与“温”“柔”观念紧密联系。徐复观把“敦厚”解释为一种富于深度、富有远意的感情。后人也常把“敦厚”说成“忠厚”，将其视为合乎礼教及中庸之道的人格修养的体现。通过《诗经》的学习和熏陶，获得中正平和的情绪、理性的智慧以及忠厚的品德，这不属于“政教”的强制规范，因其贴近主体的道德涵养与性情特征，而是贵族理想人格追求在诗学上的重要表现。

“‘诗教’在中华民族文化精神和文化人格塑造过程中曾经发挥过重要作用，在中国当代文化建设中，特别是在文化教育中，仍然具有重要的历史意义和现实意义……我们的祖先在《诗经》的创作与学习中给后人树立了榜样，它不但提供给人们以艺术审美的享受，同时它还以诗性的方式教人们如何去做人。”① 传统诗教历来就有借艺术（感性）形式、审美境界来提升道德修养的

---

① 周锡山．传统诗教的智慧教育及现代意义［J］．古代文学理论研究，2017（2）．

传统和教育理念，如李白《蜀道难》就是一首绝境上的悲情与生命意志之歌，岑参的《送李副使》《行军十二首》和高适的《塞上听吹笛》《营州歌》书写从军报国的苦与乐等。古典诗词具有跨越时空的哲学和情感意蕴，通过引导、感染诗人和读者的心灵、情感的双向互动交流，涵养、培育君子人格。

传统诗教追求美善统一的原则延续到当代，有着调节自我、和谐身心的实用价值。当代诗教应重视诗的教化作用和对心灵的引导作用。随着社会的飞速发展，人文精神及相关艺术遭受了巨大冲击，受到严重削弱。写作赋予了作者和读者张扬个性和人文精神的关怀。对普通读者而言，诗的治疗功能可能比诗的教化功能更为重要。诗疗功能也是诗的审美功能的重要体现。从某种意义上说，孔子《诗》教提出的“群”“怨”思想就是力图和谐人际关系、解决社会问题以及释放内心压力、净化心灵的审美实践。对于“群”，孔安国注：“群居相切磋”。人们通过聚集读《诗》并讨论和互相沟通情志，这是“以文会友”的源头。孔子理想的君子人格就有“群”的部分，其《学记》把入学第三年的学生的考核目标设为“敬业乐群”。在先秦时期，生产力低下，宗族、乡党需要联合力量抵御外界灾害，由此培养了“合群”“乐群”的审美价值取向。群是以温柔敦厚的《诗》教实现人与群体的和谐相处，达到宗法社会成员之间的政治联系和情感沟通。《诗经》作为教材，多以君臣、父子、夫妻、兄弟、亲朋等社会关系为主题，目的在于营造互敬互爱的理想社会。对当代诗教来说，除了依托校园打造诗教的第一课堂，还需要在社会上打造各类型的诗词文化活动、晚会以及相关网站等“软环境”，使普通群众（平民诗人）通过切磋诗艺加强交际，友好相处。

2. 传统诗教美育思想启示下的当代诗教路径

第一，在各级学校的语文教学模式上，教师可以改进诗词写作课以知识灌输为主的诗教方法。比如，加强创作教学法，让学生通过写作实践，更好地认识诗歌的美学特质。此外，还可以采用加强校本教材的开发，将诗词融入各课程的渗透教学法等。在此基础上，提升诗性文化素养，增进人文通识，修养人文精神。

第二，诗教创新不仅意味着在阅读、鉴赏教学环节中揣摩作者在立意、体制、声律、意想、语言等方面的创意，而且在创作教学中要特别重视启发、引导学生在以上诸多方面进行创作，运用发散思维、逆向思维进行训练，发挥诗教培育创新的重要作用。此外，从内容创新上说，当代诗教还要将传统和当代新诗兼容并包。当代提倡的新诗教、大诗教观也要充分尊重新诗作为新生力量在诗教美育实践中的地位。

第三，采取情境阅读的方法，浸润体验的方式，从而变革静态甚至僵化的课堂教育。比如带领学生进入田野，体会“七月流火，九月授衣”的时序变化，体会农作物“椒聊之实，蕃衍盈升”的喜悦之情。通过让诗歌教育与学生的人生体验相结合，不仅可以丰富他们的自然之时，也帮助他们更加深入地理解古人感时应物的认识方式。此外，也可依据地域资源，开发、游览“诗词人文之旅”线路，让师生在游历的过程中了解地域历史、文化，接受美的熏陶，让受教育者多一些内心体验。通过站在历史的角度去培植教育的诗意情怀，将知识与能力、情感与价值观等植入其生命，启迪学生内心对经典文化的开放与悦纳，从而获得更丰富的知识体验与意义诉求。

最后，当代诗教是功利美育观与超功利美育观的有机统一，因而在实践上要避免急功近利的心态，把握好“刻意”与“不经意”之间的度。以大学生为例，他们正处于诗样的年华，对诗有天然的亲近，渴望从诗中汲取感情养分和人生经验。教师要注重引导学生在欣赏、创作中享受自由、审美和愉悦的平衡，更好地享受“诗意的栖居”。

（二）传统乐教美育思想对当代音乐教育的启示

1. 中国传统乐教美育思想

真正的美育要从孔子的诗教与乐教才算开启，孔子主要在诗教、礼教、乐教中提出“兴于诗，立于礼，成于乐”，通过对最高艺术价值的自觉建立了“为人生而为艺术”的典范。在《论语》中可以看到有许多有关音乐与孔子对音乐的看法的记录，在孔子的生活中处处都有音乐的陪伴，孔子曾感叹：“子在齐闻《韶》，三月不知肉味。”描述的就是一种能够使其产生强烈愉悦的一种音乐体验，故将此定义为能够有教化、熏陶作用的音乐，是一种审美的形式。

在儒家音乐美学中还有一个代表作是《乐记》，此书重点论述了音乐的社会政治教化功能，也探讨了音乐的本质，并对礼与乐的关系与其分别对人情感或行为发展作用的途径进行分析，指出儒家乐教能实现的是人与自然外的天地之境界，此观点对后世影响深远①。在老子与庄子看来，音乐最重要的不是社会教化作用，老子更重视“大音希声”，即认为最大的音乐是没有声音的，是“无为”的自然的音乐，是对世俗音乐的消解，老子认为美的本真意义不是人们对现实生活中功利的追逐，而是要回归生活的本真。② 庄子继承了老子的这

① 伏爱华．中国传统乐教与百年中国美育［J］．温州大学学报（社会科学版），2015（3）．

② 王婷．孟子美育思想研究［D］．济南：山东艺术学院，2017．

一思想，将声音分为人籁、地籁和天籁，而天籁“听之不闻其声，视之不见其形”①，可见庄子的“天籁”同样也是源于“道”。

2. 传统乐教美育思想启示下的当代音乐教育策略

第一，提高学校教育对乐教作用的认识。上层领导对乐教的认识，直接决定它的实施和发展，因此，正确的认识是积极开展乐教的前提。第二，以先进的教育思想作为引导。教育思想集实践的理论指导功能于一身，在正确的教育思想的指导下，教育实践才可以顺利前进。以审美为艺教的核心，注重美的影响，由美向各方渗透，达到学生全面发展的目的。第三，加强学科建设。当前，许多学校的音乐学科建设不完善，音乐教育难以融入学校教育的整体建设中，部分领导不够重视艺术学科的开展。这可以从三个方面加以改进：引进大量的高素质、专业化的教师，这是加强艺术建设的保证；编写适合不同水平、年龄和接受能力的具有针对性的音乐类教材；培养一批集实践经验和理论基础于一身的教研队伍，这是健康、顺利发展当代音乐的关键。第四，开展多角度、多层次的艺术实践。实践是最直接的感受艺术美的途径。发挥学生在实践中的主动性，从纳新、安排排练到演出以及日常管理，通通由学生自己安排，使其全身心投入实践活动中，领会音乐的真正魅力；开展创造性的实践活动，结合不同学科、不同专业的特点，加强相互之间的交流。最后，确立符合自身学校特点的音乐教育管理体制。

① 庄子.《天运》.

第六章 优秀传统文化与教育改革

中华优秀传统文化教育是中华民族五千多年历史文化的精髓，它对教育的改革和发展有着重要的影响。本章主要从家庭教育、学校教育、社会教育三个方面来探讨优秀传统文化与教育改革的相关知识。

第一节 家庭教育

一、家庭教育的重要性

家庭教育是指在家庭生活中，长辈对晚辈的教育，且家庭教育是学校教育和社会教育的根本。[①] 家庭是人生的第一个课堂，父母是孩子的第一任老师。孩子们从牙牙学语就开始接受家教，有什么样的家教，就有什么样的人生。由此可以看出家庭教育的重要性。

（一）家庭教育是一切教育的基础

在教育这个由浅入深的过程中，对于任何人来说，最浅显、最基础的教育都是通过家庭，特别是通过父母来完成的。如果没有家庭教育所传授的那些基本知识和本领做基础，是很难顺利接受学校教育和社会教育的。

（二）家庭教育是全方位的教育

家庭教育的内容最为广泛。它对人的教育，从最基本的生活本领开始，即吃、喝、拉、撒、睡到说话、走路、劳动、社会交往、文化知识、人情世故

① 李海．家庭教育浅议［J］．科学咨询，2020（14）．

等，无所不包，凡是父母掌握的知识和社会生活经验，都会毫无保留地通过家庭教育传授给自己的子女和后代。

（三）家庭教育是终身教育

对每一个人来说，只要不离开家庭而生活，就会永久地接受家庭教育，有时即使暂时离开家庭生活，也要通过其他方式接受间接教育。特别是由于现代通信技术的发展，使家庭成员之间的沟通更为方便。可以说在家庭这所“学校”里，教育没有时间限制，它是人终身接受教育的场所。

二、家庭教育中渗透优秀传统文化教育的策略

家长在家庭活动中处于主导地位，特别是对未成年人的世界观、人生观、价值观产生巨大的影响。将优秀传统文化教育渗透到家庭教育中，对个体的成长十分有益。

（一）通过日常生活的细节进行渗透

“生活渗透”侧重于内心和人格的自我修养。通过生活中力所能及的点滴小事让未成年人在成长过程中拥有一颗孝顺、尊师、感恩、专注的心，从而帮助他们树立自立自强的人格和沉静旷达的智慧。比如组织家庭晨练活动，不但能强身健体，还能逐步养成“晨醒昏定”的良好生活习惯；在吃饭时注重餐桌的礼仪，餐桌上的表现可以看出一个人的修养；组织家务劳动，不但可以树立个体的家庭责任感，还能增进家庭成员之间的感情。

（二）通过传统节日风俗进行渗透

中国传统节日，形式多样、内容丰富，是中华民族悠久历史文化的重要组成部分。除夕、春节、元宵节、清明节、端午节、中秋节等重要的传统节日，也是国家的法定假日，家庭成员有充分的时间可以相互交流并组织一些家庭活动。老一辈可以讲讲旧时节日的往事和节日的起源，晚辈可以对需要破除的旧习俗进行探讨，比如清明节的“烧纸”活动。龙抬头、七夕、重阳等传统节日或者二十四节气等特殊的日子都可以作为中华优秀传统文化教育渗透的好时机。

（三）通过传统文化艺术活动进行渗透

通过欣赏民族歌舞、民乐曲艺，参观国画、书法展，体验传统手工、民间工艺的制作，从而了解更多的优秀传统文化艺术，提高家庭成员的审美体验，

提升民族自豪感。尤其是通过参观博物馆展览，游览名胜古迹最能够了解中国的历史文化，来进行文明传承。

（四）通过中华原创经典的学习进行渗透

这一部分对于家庭成员的要求比较高，可以量力而行。既可以从朗朗上口的古诗词开始，也可以从成语故事、寓言故事开始。家长要注意正确的解读。现代学习手段比较多，也比较方便，例如网络视频课程、百家讲坛等电视节目都可以作为家庭成员传统文化底蕴共同提高的好帮手。

三、家庭教育渗透传统文化教育过程中的注意事项

（一）理解的片面

有些家长片面地将家庭教育中的中华优秀传统文化的传承，理解为对中华原创经典的学习。把它当成对语文知识的补充和扩展，学习它主要为了对将来的升学有帮助。这种想法是错误的。在家庭教育中渗透中华优秀传统文化教育的目的是文化的传承而不只是知识的学习。①

（二）身教胜于言传

家庭教育中，父母和长辈是未成年人的模仿对象。因此，家长的行为习惯、言谈举止及其道德修养都对子女起着潜移默化的作用。无论家长多么有学识，将中华原创经典讲得再细致、生动，都不如以身作则带来的影响巨大。

（三）创造和谐的家庭氛围

只有和谐的家庭氛围才有助于家庭中未成年人的成长。父母的和谐是孩子心灵安全的港湾，孩子的安全感来自和谐的家庭环境。在三代同堂的大家庭中，父母对待长辈的态度也会对子女带来直接的影响。协调隔代人在子女教育上的不同观点，也是创造和谐家庭氛围的重要一环。

① 李胜芝．传统文化浸润家庭教育的方式分析［J］．当代家庭教育，2020（13）．

第二节 学校教育

一、大学生优秀传统文化教育中存在的问题

（一）大学生对优秀传统文化缺乏学习的主动性

随着经济全球化的不断发展和信息网络的不断深入，各国之间的文化交流变得更加频繁。国外的文化、价值观不断的传入中国，传入大学校园，如今，像韩剧、美剧还有西方节日等颇受大学生的欢迎，而我国的优秀传统文化的东西，像书法、京剧、民族戏曲、书画、民族手工艺、民族舞蹈、古代思想家的著作等，大学生却甚少接触。有些学生热衷于穿越、爱情、武侠类现代网络小说，上课的时候都要偷偷看，课下更不可能去阅读四书五经、诸子百家的著作、四大名著类的文学作品。作为传统文化重要组成部分的民族戏曲，只有极少部分的人感兴趣，更别说能表演和演唱。传统节日是传统文化的重要组成部分，涵盖了大量的中华传统。虽然国家已将春节、清明、端午和中秋四个传统节日定为法定假日，除了春节以外，大学生并没有给这些节日以足够的重视，对这些节日的由来只知其一不知其二，也很少举行相应的活动，节日中应该有的很多传统都已丢失。比较受大学生欢迎的和爱情有关的节日，大部分大学生没有比较偏爱自己的七夕节，而是觉得中国传统的七夕节和国外的情人节差不多。这些情况反映出了，部分大学生存在着对中华优秀传统文化情感认同度不高的问题。

尽管很多高校大多已开设了有关传统文化的通识课程，但大多是以选修课的形式开设，大部分大学生表示对自己吸引力不大，不会主动去选择这些课程，还有些学生虽然选择了相关课程，但多数情况下是选择那些比较好拿到学分的课程，而不是被课程知识所吸引。在我国高校普遍开设的《中国近代史纲要》《思想道德修养与法律基础》《马克思主义基本原理概论》《毛泽东思想和中国特色社会主义理论体系概论》四门思想政治理论课中涵盖着一定的中华优秀传统文化知识，但这是远远不够的，并没有引起大学生学习中华优秀传统文化知识的兴趣，根据调查结果来看，他们也很难从这几门课上获得大量的传统文化知识。他们对中华优秀传统文化知识的掌握还停留在小学和初中阶段，很难认识和体会到中华优秀传统文化知识的深刻内涵和精髓，也难以认识

到中华优秀传统文化对个人塑造的巨大意义。对中华优秀传统文化知识学习的不重视，就会导致难以对中华优秀传统文化知识进行很好的传承，也会间接地影响到我国社会主义文化强国的建设和文化软实力的提升。

（二）大学生对优秀传统文化知识熟知度不高

实践证明，部分大学生现阶段仍存在着中华优秀传统文化知识欠缺的问题。他们对文学著作阅读量少，对中华优秀传统文化的整体构成不了解，对中华优秀传统文化知识的具体内容没有研究。中华优秀传统文化是人类智慧的伟大结晶，作为社会主义未来的建设者，当代大学生应该掌握较为系统的中华优秀传统文化知识，应该意识到自己对中华优秀传统文化进行保护和继承的责任和义务，认识到它的价值和存在的意义。

随着社会的发展，国家和社会各界也都越来越重视中华优秀传统文化的传承和发展。近年来，各高校也开始对大学生进行一定程度的中华优秀传统文化教育，以加深大学生对中华优秀传统文化的认识和掌握。但大学生对优秀传统文化知识的掌握情况还是不容乐观的，存在着一定的问题。如：对古典名著知之甚少；对中国古代思想家们的著作，大部分人只局限于课本上所学，对教材上未涉及的古代思想家们的著作，鲜有人涉猎；对中华传统艺术了解也不够。可见，对当代大学生进行系统的中华优秀传统文化知识教育依然十分必要。

（三）高校未形成学习优秀传统文化的浓厚氛围

虽然绝大多数高校已开设有关中华优秀传统文化知识的课程，但从大学生的掌握情况来看，目前高校的中华优秀传统文化教育还存在着一定的问题。

1. 领导重视不够

由于部分高校领导并未意识到中华优秀传统文化教育的重要性，所以在该校就未能建立起制度化的教育机制，进而也没有形成完善的课程体系，所以出现了选修课无人选，选了也是应付学分的现象。具体表现在两个方面：一是部分高校未能认识到中华优秀传统文化教育的独立性，误认为中华优秀传统文化只是单纯地为思想政治理论提供教育资源，只是为思想政治理论课服务的。二是部分高校在课程设置上，只是重视学生专业课知识和专业技能，多以就业、考研、公务员考试为导向。而忽视对大学生文化素质的培养，认为中华优秀传统文化课程可有可无，并没有建立起完善的教育机制来保障中华优秀传统文化教育的实施。

2. 教师自身的不足

中华优秀传统文化知识根基薄弱，对中华优秀传统文化知识认识不够深

刻，没有真正了解中华优秀传统文化的内涵

教师不仅肩负着教书育人，传授科学文化知识的责任，每个教师都还肩负着传承中华优秀传统文化的责任。因此，每个教师都应发挥自己应有的作用，宣传中华优秀传统文化知识，在上课的过程中对大学生产生潜移默化的影响。目前任课教师在中华优秀传统文化的传承方面还存在着以下问题：一是，部分教师不愿意承担有关中华优秀传统文化教育的课程，更愿意承担专业课或特色课，没有意识到自己传承中华优秀传统文化的责任；二是部分教师对中华优秀传统文化理解不够深刻，在教学的过程中出现了方法单调，教学内容死板，难以打动学生，引起学生的兴趣，使学生产生共鸣；三是部分教师在传授专业课的过程中，难以将中华优秀传统文化渗透到课程内容中，难以做到把中华优秀传统文化知识合理贴切的引入到课堂中来。造成这种局面的原因，一方面是由于专业课的特殊，确实难以引入。还有一方面是因为教师中华优秀传统文化知识的薄弱，在课堂中难以发挥积极的引导作用。

3. 校园文化建设不完善

大学生生活在校内，浓厚的中华优秀传统文化氛围的校园文化，能使大学生时时刻刻感受到中华优秀传统文化的熏陶，在潜移默化中培养传统文化素质。目前高校校园文化建设各具特色，成果累累，但仍存在着一定的问题。一是在校风校训、学风、校园精神等警句名言中，涉及中华优秀传统文化知识的力度不够。二是部分高校虽然在教育的过程中加入了地方历史文化，但在内容上却十分肤浅，只重视形式而不注重挖掘当地文化的深刻教育意义。多数情况下只是带领着学生走出校门，开展几次形式上的活动，并没有在活动中进行讲解和教育，难以将中华优秀传统文化的精神根植于大学生的意识之中。三是大多数高校虽然经常组织学术讲座、名家讲坛等各种活动，但在内容上多以科学文化知识为主，鲜少涉及中华优秀传统文化知识。

二、大学生优秀传统文化教育的基本原则

（一）坚持正确的思想导向，与现代思想政治教育相适应

当代大学生中华优秀传统文化教育要坚持正确的方向，需要坚定马克思主义的指导，这是保持我国文化事业性质和方向的内在要求。马克思主义是人类优秀智慧和文化的结晶，是人类先进文化的核心和灵魂。因此，在思想文化领域需要以马克思主义作为指导思想。坚持马克思主义的基本原理与中国革命和建设的具体实践结合起来，是我国革命、发展特别是思想文化工作的根本要求。改革开放以来，在发展社会主义市场经济的过程中造就了多元化文化，但

多元化文化绝不意味着没有核心的文化。要我国的文化持续的繁荣发展，需要坚定马克思主义在我们意识形态领域的指导，才能保障我国的先进文化在世界各种思想文化的激荡中始终坚持正确方向，健康的持续发展繁荣。

中华优秀传统文化所表现出的行为规范、思维方式、价值体系，不仅具有历史性和遗传性的特点，而且还具有现实性和变异性。它在历史中不断地发展、沉淀和传播的同时，又在以特有的方式加以继承和发扬。在当今社会中，中华优秀传统文化的继承和创新，最为直接有效的方式就是思想政治教育。纵观历史可以知道，特定社会阶段的思想政治理论、具体内容和人们的思想政治素质，已经完全融到社会文化当中，伴随着历史的前进的脚步，他们也成为传统文化的一部分，也就是说思想政治教育发展丰富了社会文化，提升了社会文化的层次，从而推动了传统文化的发展。中华优秀传统文化的教育要融到思想政治教育的过程中去，在传播的过程中相互促进，共同发展。

（二）坚持传承中创新，与时代精神教育和革命传统教育相结合

一个民族的文化要想经久不衰，就必须不断地传承与创新。在改革开放和社会主义现代化建设的新形势下，对大学生进行中华优秀传统文化教育要与时俱进，推陈出新，立足于社会主义现代化教育，同时还要继承优良传统，吸收精华，将其发扬光大。

中华优秀传统文化凝聚着中华民族自强不息、历久弥新的精神品质，是全民族弥足珍贵的精神宝藏，以和为贵、天人合一、自强不息、厚德载物等精神都是我们民族宝贵的精神财富。对大学生进行中华优秀传统文化教育，要坚定不移的传承这些宝贵的思想。如《孟子》中提出的“富贵不能淫，贫贱不能移，威武不能屈”的自信自立的独立人格及“乐以天下，忧以天下”的忧患意识，《论语》中提出的“天下为公”“四海之内皆兄弟也”的天下大同精神及“吾日三省吾身”的严于律己、修养不止的精神等。

与时俱进是马克思主义的理论要求，不断与时俱进、开拓创新是民族进步的灵魂，是国家兴旺发达的不竭动力。优良传统教育需要符合时代精神的要求，坚持以发展的眼光进行传统文化教育。不断发展进步是时代的不变特质，这要求我们在看到传统文化中优秀思想内核的同时，也要看到传统文化与当今时代的时空距离。中华优秀传统文化要想在当今社会不断地传承下去，就必须不断创新发展，使中华优秀传统文化贴近当代大学生的日常。[①] 只有坚持与时俱进，才能更好地处理传统与现代、继承和发展的关系，才能使中华优秀传统

① 王迪．传统文化与学校教育的深度融合［J］．参花，2020（1）．

文化实现形式和内容的创新与转换，不断焕发出新的光彩，才能让大学生真正的愿意去接受，去学习，去运用中华优秀传统文化。

（三）坚持传统文化显性教育与隐性教育相结合

教育有隐性教育与显性教育两种不同的外在形式，有着不同的作用方法和效果。中华优秀传统文化的显性教育可以结合我国教育体制的优势，利用各种公开手段和场所，有计划、有组织地实施。在实施过程中可以通过一种自上而下的具有规范性计划性的方法进行中华优秀传统文化教育，在课程课时的设置，教学大纲上面可以有国家教育部门的统一制定和要求。中华优秀传统文化的隐性教育可以渗透教育过程于大学生的日常生活学习过程中，通过潜移默化的方式对大学生的道德、思想、价值、情感进行影响。这样就可以在宏观思想的主导下，再加上无计划、非正式、间接内隐的学校各种活动和文化使大学生不知不觉地学到中华优秀传统文化的知识，受到中华优秀传统文化思想精神的影响。

传统文化的隐性教育与显性教育之间存在相互补充、相互促进、相互融合的关系，有着内在的统一性。高校课程教学要充分发挥各类中华优秀传统文化课程的合力，形成以中华优秀传统文化理论课为基础，各专业课程相互配合的全方位的教育体系。针对当代大学生的实际状况选用各种学习渠道，如校园活动、网络、媒体等，对大学生进行有益的引导和教育。在这一过程总充分发挥隐性教育与显性教育各自的优点，形成两者互补互助的方法体系显得尤为重要。

（四）坚持弘扬传统文化和借鉴国外优秀文化成果相结合

加强中华优秀传统文化教育，不仅要继续弘扬民族传统文化中的优秀成果，而且还要借鉴外来文化，吸收养分，创新传统文化。中华优秀传统文化的发展，吸收了世界其他国家的优秀文化成果。中华文明博大精深，经历史的沉淀，铸就了民族文化的宽广胸怀，对其他外来文明，它不但没有排斥，反而进一步吸收并不断充实和壮大自己的文化。这一点充分证明了，中华文化的包容与开放。一个敢勇于对外开放的民族才是有前途的民族，一种对外来文化有包容态度的文化才是富有强大生命力的文化。

21 世纪的今天，全球化趋势已成为一种潮流，文化更要有宽广胸襟、海纳百川的品质。在全球化和信息时代，各种文化和各地文化不断的碰撞和交流，它激励着各民族不断地对自己的传统文化进行创新和再造。再优秀的文化如果不接受新的内涵，在社会上也是难以富有朝气和活力。信息、时代和全球化的特点决定了民族传统文化的发展必然是一个世界性的过程，一个国家要想真正保持文化的独立性，就不得不让自己的文化融到世界大潮中去，在竞争中增强自己的文化实力。我们要在坚定不移地坚持中华优秀传统文化的基础上，积极汲取其他国家的优秀文化成果，真正做到“古为今用，洋为中用”。[①] 西方国家的文明成果在本质上也是世界文明的一部分，是人类共有的财富，我们应正确对待西方文化，在经济全球化浪潮下和各民族交往不断加深的趋势下，以全球视野和战略眼光，站在全球高度，反对“全盘西化”，创造性地汲取其他民族的优秀文化成果转化为自身的营养，增强我国传统文化的时代性和适应性。

因此，在对大学生进行中华优秀传统文化教育时，既要考虑我国的基本国情和本民族的风俗习惯，又要积极地吸收和借鉴其他民族优秀的文化和思想，既要继承和传承中华优秀传统文化，又要积极吸纳其他优秀文化的精华。在世界文化的大潮下立足国情，不断发展、完善和更新民族传统文化，才能使传统文化保持本民族的独立性。

三、加强大学生优秀传统文化教育的路径

（一）强化优秀传统文化课程建设

1. 开设优秀传统文化通识教育课程

首先，把中华优秀传统文化因素合理地纳到教学计划中。目前，各高校普遍开设有中国传统文化课程，但绝大多数是以选修课的形式开设的，属于零散渗透式教学，效果不十分理想。人们目前把高校课程结构的组成分为专业课和公共课，造成了学生对公共课缺乏必要的认知，形成一种“60 分万岁”的态度。所以，在本科教育阶段，必须改革课程结构，要增加对公共课的认知，逐渐淡化专业课程与公共课程的界限，让整个高等教育形成一个环环相扣的连贯的整体。调整人才培养目标，在整个高等教育课程结构中贯穿中华优秀传统文化教育，明确课程结构，完善课程体系，使中华优秀传统文化教育得以实施，在课堂上使大学生受到中华优秀传统文化的潜移默化的影响。不仅开设选修课程，比如大学语文，美学等，还要将中华优秀传统文化融到伦理学、审美课程、发展史等课程，让大学生接受全面的中华优秀传统文化教育。

其次，要对中华优秀传统文化教育教材进行完善优化。中国传统文化，博大精深，历史悠久，其内涵极为丰富。儒家思想是我国传统文化的主流，其思

---

① 黄玉峰．学校教育与传统文化［J］．全球教育展望，2016，45（6）．

想比较注重政治、教育和伦理，在进行传统文化教材编写时，一方面要重视这些内容，另一方面，我国古人在实践过程中还总结了丰富的古哲学原理、自然科学知识，这些知识也不能忽视。此外，中华民族是多个民族的组成体，不应排斥各民族特别是少数民族的文化精华。值得注意的是，这套教材既不能太抽象，又不能流于一般。要图文并茂、深入浅出，符合人们需求，并集知识性、趣味性、哲理性于一体，真正解决大学生认为中华优秀传统文化的相关课程吸引力不大的问题。

最后，在教学内容上形成系统的学科体系。要让大学生在学校里得到中华优秀传统文化的熏染，需要在教学内容上形成系统的教学体系，才能保证中华优秀传统文化教育的实现。教育的内容应覆盖多领域的内容，如古代哲学、文学、科技、道德、教育等，以弘扬中华民族核心精神和价值观为主旋律，以优秀传统伦理道德思想为重要内容。为了让学生对中华优秀传统文化有系统深刻的理解，提高该项教育的系统性和科学性，需要设立系统的课程学习，同时要保证教育内容的针对性、现实性和生动性。中国传统文化是一个广博精深的文化体系，在构建中国传统文化教育的科学体系时切忌漫无边际，全面铺开，应当结合教学对象的实际情况，有针对性地用丰富的语言和生动的事例来讲解、传授。这就要求教师要不断深入了解学生的实际情况，通过调查研究，熟悉学生的兴趣点、困惑点，结合对学生的实际情况的把握，不断提高自己的教学水平。注意在教学过程中帮助其掌握学习方法，便于学生自己解决在学习中遇到的一些问题，可以在优化教学结构的同时提升教学效果。

2. 思想政治理论课教学中渗透优秀传统文化

中华优秀传统文化之所以不被现在的大学生所深知，重要的原因之一是受到单调的传播渠道的局限。针对当前的问题，在思想政治理论课中强调中华优秀传统文化的融入显得尤为重要，新时代的思想政治教育将是中华优秀传统文化发展和继承的重要渠道。

在中国的教育体系当中思想政治理论课占较为重要的地位，主要的功能是帮助大学生塑造健康的灵魂和价值观。高校的思想政治教育完全可以借力中国优秀的传统文化教育内容和体系以达到更好的效果。利用中华优秀传统文化培养大学生的高尚情操，利用中华优秀传统文化中的感人事迹来帮助大学生树立人生目标，密切关注学生学习的兴趣点和学习的困难点，将中华优秀传统文化真正融到大学生的日常生活中去，不断提高他们对中华优秀传统文化知识的掌握水平和对文学的欣赏水平。

将中华优秀传统文化融入思想政治理论课教学，就要在马克思主义理论的指导下，真正把中华优秀传统文化的精华内化为学生的基本的价值理念和人生信条。思想政治理论课教师应顺应时代潮流，充分应用现代教育技术，改革教学方法，采用学生乐于接受的学习方法，提高学生学习的主动性。通过师生互动教学，丰富课程内容，活跃课堂气氛，使中华优秀传统文化教育与思想政治教学得以有效结合。同时，在教学内容上要对中华优秀传统文化教育进行研究，在教学方法上要有所突破和创新，丰富教育情景，有效运用多媒体教学技术，通过播放音乐、展现图画等易于大学生接受的方法，陶冶大学生情操，使大学生直接体会中华优秀传统文化资源。

（二）提升高校教师的文化素养

1. 夯实教师优秀传统文化的知识根基

高校要想把中华优秀传统文化教育落到实处，需要教师队伍加强对中华优秀传统文化知识方面的修炼，定期进行培训、交流和研讨来加强教师对中华优秀传统文化知识的学习，深刻挖掘优秀传统文化的价值，增加对优秀传统文化的热爱，牢固树立“活到老，学到老”的终身学习理念，以更加严格的标准要求自己，不断提高自身的人文素养和对中华优秀传统文化知识的掌握水平。只有这样才能把优秀传统文化知识融到课堂教育教学中，才能对中华优秀传统文化进行科学的分析和解读，才能够用中华优秀传统文化所蕴含的先进思想、有效方法推进教育教学的研究。其实各学科的发展都体现着人类的智慧与精神，在专业教学中可以贯穿中华优秀传统文化的教育。

中国古代社会重视榜样的示范作用。在大学生中华优秀传统文化教育中，结合教学要求在实际教育中要充分发挥教师的道德示范作用。教师是人类灵魂的工程师，其职责要求他在生活的方方面面都要发挥为人师表的作用。因为教师在上课和与学生的交往过程中，他的价值观、治学态度、思想品质、人文素质、处世方式等都会对学生产生不同程度的影响，有些时候这些影响会伴随学生的终生。因此教师应以身作则，为人师表，躬身实践，不断汲取优秀传统文化的养料，以教师职业道德规范和严格要求自己，在提高自身道德素养的基础上，指导学生学会利用中华优秀传统文化提高治学、做事、律己、交友、待人、处世等方面的修养。此外，时代要求现代教师必须具有民主观念与民主精神，这也是教育民主化的要求，更是中华优秀传统教育思想实现现代转换之必然。

2. 在优秀传统文化教育方面培育骨干教师

第一，我们要充分认识到开设中华优秀传统文化课程，必须有专业的教师队伍，因此做好中华优秀传统文化教育的首要任务是选拔优秀的中华优秀传统文化教育工作者。

第二，需要教师对中华优秀传统文化进行持续深入的研究和不断的学习。教师作为中华优秀传统文化的主要传播者，需要重视自身文学素养的提升。这就要求教师在平时生活和教学中加强对中华优秀传统文化的学习，深刻学习中华优秀传统文化的内涵，做到真正热爱中华优秀传统文化，只有这样在中华优秀传统文化的教学中才能起到更好的带动作用。

第三，中华优秀传统文化的传播者，要有较高的道德品质。中华优秀传统文化特别重视人的道德素质，教师在传播中华优秀传统文化知识的过程中，首先要做到自身有较高的道德素养，在生活中做到表里如一、言行一致，真正做到言传身教。在教学中一身正气、严于律己，以高尚的人格魅力教化、影响学生。对于那些有较高的文化素质，但道德品质底下的教师是不能让其承担中华优秀传统文化教学工作的。

第四，要培养教育工作者具有强烈的事业心和责任感。在传播中华优秀传统文化的过程中，教育工作者应该有甘愿为教育奉献的精神和艰苦奋斗的意识，应当以高度的工作热情，有所作为、有所奉献的抱负心、责任感面对大学生群体。

第五，要使教育工作者树立开放的观念，教育工作者要与时俱进，拥有开阔视野，使中华优秀传统文化与时代接轨，善于捕捉瞬息万变的信息，帮助大学生拓展知识、开阔眼界。

（三）营造传统文化氛围

学校是培养大学生成长成才的主阵地，校园文化环境会对大学生产生潜移默化的影响，校园文化建设对提升大学生的综合素质有不可替代的作用。将中华优秀传统文化知识与校园文化建设相结合，利用网络平台、依托校园建设普及中华优秀传统文化知识对大学生提高中华优秀传统文化素养，培养当代大学生正确的世界观、人生观和价值观有重大的作用和意义。

1. 借力互联网平台普及优秀传统文化教育

首先，要营造健康的网络环境。良好的学习中华优秀传统文化的环境可以让大学生在潜移默化中学到中华优秀传统文化知识。现在的大学生会长时间的处于网络环境当中，受知识、经验和自身发展的不足，在面对庞杂复杂的网络环境时难免会受到影响，从而会出现问题。利用法律法规和网络道德加强网络环境管理和治理，为大学生网络言行营造良好的网络环境在当下社会显得非常重要。

其次，开辟有利于中华优秀传统文化网络学习的场所。将中华优秀传统文化利用先进技术上传到网络，为塑造大学生健康人格提供丰富的知识和训练方法。设立学习园地可通过开辟中华优秀传统文化书屋，上传关于优秀传统文化的资料、经典著作，使大学生通过阅读提高自身素质。高校还可以充分挖掘资源，组织专门研究中华优秀传统文化知识的名师专家，将中华优秀传统文化的精华以文字、声音、图像和动画的形式呈现给大学生，增强大学生的直观感受性，从中受到中华优秀传统文化的感染和熏陶。

2. 利用校园建设，营造良好的传统文化教育环境

大学校园相关文化基础设施建设是高校校园文化建设的重要组成部分，抓好大学校园文化基础设施建设对于弘扬大学校园文化，张扬高校特色，凝练大学精神都有积极影响。因此，我国高等院校校园文化建设要主动适应社会发展和教育改革的历史进程，把中华优秀传统文化元素积极融到高校校园文化基础设施建设中。

校园基础设施在建设时，要加入中华优秀传统文化的因素，至于要怎么加入、加入哪些要集思广益，深入论证，要征询和听取专家和学者的意见和建议。在高校校园文化建设中融入中华民族优秀传统文化，让学生在校园里处处感受到传统文化的熏陶，时时受到中华优秀传统文化的影响，着力营造以传统文化元素建构校园文化的环境氛围。学校可以借鉴很多历史名校的做法，在校园主要干道及主要活动场所设置丰富的人文景观融入校园环境，既可以美化校园，又可以传递学校的优良传统和精神，营造一种文明、健康、向上的文化氛围与精神氛围。如在教学楼里悬挂古代爱国人士、文人墨客的画像和各种名言警句；专门开辟空间，建设高水平的中华优秀传统文化宣传画廊；路牌的命名可以以校训或名人的名字命名，在校园的各个角落里设置名人塑像、体现中华优秀传统文化精神的碑刻、富有古代特色的建筑小品等等。这些人文景观可以向师生们默默地传递着学校的优良传统和校园精神，有利于陶冶学生的高尚情操，激发学生的优良情感和学习热情，有利于学生对优秀传统文化传统的继承和发扬。

（四）加强社会实践

1. 组织学生开展各种参观活动

古老的中国大地上遍布不同时期、不同民族丰富多彩的历史文化遗产，这些在社会发展中沉淀下的文化载体承载了丰富的政治、经济、文化、科技等知识和内容，蕴含有丰富的文化内涵。从目前的情况来看，高校应该有计划地组织大学生通过社会实践活动的形式，切身融到这些丰富的历史遗留中去，在亲身接触中了解民族的悠久历史和灿烂文化，挖掘民族文化的丰富内涵，增强民族自信心和自豪感。可以根据学校的实际情况，依托周边传统文化资源发掘区

通过组织学生考察文化遗址、参观博物馆和历史古迹，参观民族历史博物馆、民俗馆、纪念馆、文化馆、科技馆、图书馆、美术馆等，了解我们国家悠久、丰富的文化遗产。文化遗产是最好的中华文化的载体，通过参观文化遗址可以把历史和现实结合起来，把民族精神和时代精神结合起来，把知识传授、理论教学与社会实践结合起来，让大学生在实践中提升自己的中华优秀传统文化素养。理论联系实际是教育的基本规律和内在要求，切身的融入可以让大学生端正对中华优秀传统文化的态度，主动将思想追求、行动表现融到传承中华优秀传统文化和发扬民族精神的行动上。高校要拓宽教育渠道，充分利用当地的社会资源，将中华优秀传统文化教育与现实实践结合起来，有效得进行中华优秀传统文化教育。通过社会实践使大学生感受到中华优秀传统文化的陶冶，增强对中华优秀传统文化的认知和认同感，并与自己的日常生活、学习和行为习惯相联系，在潜移默化中提升自己。

2. 鼓励学生参与当地的传统文化建设

我国历史悠久，地大物博，各地都有丰富的历史文化遗产，这些都是鲜活的、富有地域特色的优秀传统文化。地域文化是中华民族文化的组成部分，学习地域文化，可以进一步增强对整个中华民族文化的认同，也是大学生学习中华优秀传统文化知识的一个重要途径。高校应加强相关方面的建设，多开展相关的活动，结合课程教学的需要开展社会实践，利用地域文化资源进行中华传统文化教育。高校可以以不同的部门为组织者开展不同的活动，如高校的团委部门可以组织学生参观当地的烈士陵园、英雄纪念碑、名人故居来培养大学生的爱国情怀。传统文化通识课程的老师可以通过组织学生写采访手记、调查报告的形式加深对中华优秀传统文化的认识，增加对中华优秀传统文化知识的掌握程度。学校还可以以组织志愿者的形式，使大学生参与到当地的传统文化节日和活动中去。在这些实践活动中，大学生不仅能直观感受到传统文化，又提高了社会实践能力。

第三节 社会教育

一、藏族传统文化与社会教育

（一）藏族传统文化传承需要社会教育

勤劳质朴的藏族人民在长期适应和改造青藏高原的生产生活中，结合自身特点，顺应自然规律，创造并传承了具有浓郁宗教色彩的独特而又丰富的民族文化资源。作为藏族传统文化的享有者、保护者、传承人，藏族人民强化个体延续民族文化的责任意识，使藏族传统文化传承具有旺盛的生命力。在经济、政治、文化、生态、科技等的不断发展推动下，教育不再是学校的专利，构建终身教育体系和创建学习型社会已引起社会各界的广泛关注。

藏族传统文化传承的社会教育是一项复杂的综合工程，需要社会各方的合作，通过不断整合各方教育资源，发挥整体作用，最大限度地为社会和个体服务。同时，藏族传统文化的传承需要由具有一定权威性的管理机构进行统筹、规划和协调，使各种教育资源在社会教育中成为大众教育的载体。在教育大众化、社会化、终身化的发展趋势下，藏族传统文化传承的社会教育具有极强的现实性和必要性。合理发挥、利用藏族传统文化传承的社会教育，引导个体形成积极的世界观、人生观、价值观，使个体尽可能地享受到多样化的教育机会，有利于个体积极人格的塑造和积极情绪情感的培养，也契合了个体生存发展的需要，更能有效维护社会政治、经济、文化、教育等方面的协调可持续发展，保持了社会的繁荣稳定。

（二）藏族传统文化社会教育的目标取向

1. 藏族传统文化传承有利于个体幸福感的提升

幸福是教育的最终目的。藏族传统文化思想丰富、积极善良，如陪伴着藏族人成长的神话传说的目的就是教育人们懂得善待、爱护大自然，对他人心生善念，用开放、包容的心态与人交流、合作，这不仅有利于个人幸福感的提升，更有利于藏族地区社会的和谐发展。藏族传统文化中乐观、坚强、勇敢、敬畏、责任、然诺、尊老敬贤等特质也是宝贵的文化财富，对社会组织系统的和谐构建和运行大有助益。

2. 藏族传统文化传承与社会教育、学校教育和家庭教育的互动

21 世纪教育国际研讨会的报告《学会关心：21 世纪教育》指出："要想形成 21 世纪要求的学习、教育体制，可能其最重要的方面将是社会更多地参与学校活动，学校更多地参与社会活动。"① 学校教育、家庭教育和社会教育的本质目标是一致的，即优化人的生存，促使个体不断实现自我价值，感受幸福。藏族传统文化传承的社会教育与学校教育、家庭教育需要更紧密的沟通结合，也是"使教育与其环境相依为命发展"的主要途径之一。藏族传统文化传承的社会教育是学校、家庭最直接的外部环境，是学校教育和家庭教育的社会延伸，其传承的方式、社会经济发展水平、个体综合素质等对学校教育和家庭教育管理功能的发挥质量有重要影响。

（三）藏族传统文化传承与社会教育运行

藏族传统文化包含着丰富的物质基础和深厚的文化基础，其传承机制包含传承人、传承内容和方法、传承的社会组织基础、政治、经济、文化环境等社会教育运行机制要素。

1. 藏族传统文化传承的社会环境

藏族传统文化是藏族人民凝聚力的重要因素，以潜移默化的方式影响着个体和群体的发展。信息化社会中的藏族传统文化传承的社会教育不可忽视网络、信息技术的巨大推动作用，使藏族传统文化中的精髓能与现代元素有机结合，将现实与虚拟紧密联系。藏族传统文化传承的社会教育，首先需要面对现代科学技术以及由此引发的文化和社会变迁，需要进行适时而积极的现代转换，使藏族传统文化与现代元素相交融，适应现代社会的发展，满足个体的现代社会生活。藏族传统文化传承中对个体的社会教育主要表现在个体生活的风俗、经验、行为习惯等方面。当个体在参与社会生产生活时，其原有的文化、信仰将影响他的思维方式和行为习惯。只有推动具有藏族元素的优秀作品作为社会教育素材，个体才能从藏族传统文化传承的社会教育中获取更多的积极营养。

2. 藏族传统文化认同意识中的社会教育

在藏族传统文化的认同意识教育中，个体对藏族传统文化传承的需要不会因时代变迁、社会环境改变而发生根本性的变化。长辈对晚辈的教育通过自身行为习惯的示范、口耳相传、祭祀礼仪等方式传承，内容包含藏族人民世代积淀的族群认同、英雄崇拜以及对未来生活的吉祥诉求等。在表现形式上也融入时代特点，实现与时俱进，注重融合新科技、新思想，对个体文化认同意识进

① 王妮．学校和社区的教育互动［D］．杭州：杭州师范大学，2014．

行培养，满足了个体民族特性的追求。只要个体存在民族信仰，这样的心理需求就会存在。藏族传统文化传承中还包含着对藏族传统文化认同意识的教育，如生命观、善恶是非观、神灵护佑等藏族传统文化要素，使个体对不可知的神秘力量产生敬畏，对自然界产生良好的期待，对个体追求内心平静的需求等，都融到社会教育中。由此，个体要避免作恶带来的负面影响，心生善念，积极向善。藏族人民也用图腾和英雄影响和传承藏族传统文化，如格萨尔是藏族人民最崇拜的英雄和战神图腾，这种对英雄的崇拜来源于个体内心对客观世界的需求和征服欲望。个体在自然面前并非绝对弱小、无助，有着改造自然、利用自然资源的愿望。当个体的这种愿望和意识日益强烈的时候，就会体现在个体的日常社会生活中，体现在与对手的斗争中，这种意识的认同和传承是潜在、不易察觉的，也是藏族传统文化认同意识得以传承的根本前提。

3. 藏族传统文化表演技术传承中的社会教育

藏族传统文化表演技术的传承主要通过拥有技术的长者以家传和师传的方式对经过挑选符合条件的晚辈进行教育指导，传承内容包含道德规范、表演内容、音律技巧等。绝大部分的藏族节日都采用户外集体活动的方式，如集体祭祀、集体诵经、集体歌舞、集体出游、集体饮宴等，通过群体性的活动对个体的思想和行为进行规范和教化。集体活动中的个体以对族群历史的认同为中心，形成了对自己身份和文化的认同，将个体对族群的情感、记忆、理解等思维方式贯穿于集体活动中。独具藏族特色的锅庄是当地人祈求吉祥的一种方式，能够在人们群起而舞时满足个体的合群倾向，满足个体归属感和安全感的需求，强化个体的社会整体意识。个体产生与舞蹈节奏、造型相呼应的情绪、情感变化，并感染其他参与者，包括观众。藏族传统文化传承的社会教育通过文化艺术的方式，表达了个体的情感，增强了个体社群的凝聚力和向心力。

（四）社会教育对藏族传统文化传承的影响

藏族传统文化传承的社会教育是全民参与、资源共享的教育，是教育社会化、社会教育化相融合的过程。因此，在藏族传统文化的传承社会教育中，社会力量的广泛参与是社会教育顺利开展和实施的必备条件，不能仅靠政府的单独组织和推广，还必须强化社会团体、组织和个体的全面积极参与，才能真正实现社会教育。藏族传统文化传承的社会教育需要社会和个体共同努力，个体和社会机构有责任、有义务通过一定的投入来发展社会教育。其追求是充分发挥利用社会中的各种组织、机构、团体、个体自身的功能和优势，使其成为社会教育的执行者、参与者，形成有利于藏族传统文化传承和发展的学习型社会，共同推动社会教育的深入开展。

二、齐鲁文化与社会教育

(一) 利用社会教育推动齐鲁文化教育的普及

改革开放以来特别是21世纪以来，随着从中央到地方对中华传统文化的肯定和重视，以及国学热、儒学热、经典热等传统文化热的兴起，运用社会教育普及齐鲁文化在全省铺展开来，成效十分显著。当然，我们也看到，山东省运用社会教育普及齐鲁文化尽管取得了很大成绩，但也存在着师资力量不足、资金投入欠缺、内容陈旧、持续性不强、一些人过于追求利润等问题。要把山东省齐鲁文化的社会化普及教育工作引向深入，就要总结以往有益的经验和做法并加以推广，同时针对现存的问题寻找行之有效的对策。

1. 创新社会教育的内容与形式

为更好地利用社会教育普及齐鲁文化、加强齐鲁文化的宣传教育，还应积极推进社会教育内容与形式的创新。

(1) 编写通俗易懂、易于接受的教材

作为中华优秀传统文化的重要组成部分，齐鲁传统文化有着博大精深的内涵，但社会大众普遍对于齐鲁经典有着不同程度的陌生感。因此必须针对不同文化程度的受众，编写出通俗易懂且容易为大众所接受的《论语》《孟子》《礼记》《管子》《墨子》等经典的入门教材。既要对一些繁复的概念和名词进行通俗易懂的解释和介绍，还应该深入浅出，结合当下生活中的具体事例，重点选择“孝”“悌”“廉耻”等与民众生活最为贴近的概念来讲。[①]

(2) 运用多样的、现代化的传播方式

以齐鲁国学为主体的齐鲁文化普及教育方式应该是多样的、现代化的。课堂上，除了面对面的宣讲和讲义的阅读，还可利用现代化的科技手段如网络课堂和播放视频等，让受众接受起来可以更加便捷和直观可感。还可以在条件成熟的社区设立“齐鲁文化普及工程基地”，向社区居民免费发放齐鲁文化通俗讲义等读物。

(3) 增强群众的实际参与感

齐鲁文化普及教育的目的是让其深入到山东社会大众的思想观念和实际生活中，成为他们的日常行为准则，起到塑造人的教化作用。为了实现这个目的，就必须打破群众对经典齐鲁文化的隔膜，增强他们的实际参与感。常规的课堂宣讲是必要的，但必须引领群众参与到一些生动活泼的活动中去，从中感

① 高林桦．试论齐鲁文化的社会教育普及［J］．人文天下，2018（14）．

受和领悟齐鲁文化的魅力。举例来说，曲阜市举办的“百姓儒学节”就有一些好的尝试，如举办“邻里一家亲”活动，通过邻里水饺宴、摊煎饼、民情夜会等活动加强邻里之间的沟通，让百姓团结和睦相处。也可以像泗水县那样，将每月的第一个星期日设立为“全民孝亲日”，鼓励子女帮父母做家务，陪父母聊天、参加文体活动，带父母检查身体，请父母吃团圆饭，在日常生活中实践儒家的孝道伦常。

2. 强化正确引导管理

（1）加强政府的引导

民间化、社会化的齐鲁文化普及教育总体上呈现出一种民间的姿态，政府的过多干预和管控不利于其健康发展，但这并不表明政府部门可以缺失。宏观政策的把握、重大活动的组织、宣传平台的提供、活动资金的支持，都离不开政府部门。例如，曲阜市“百姓儒学工程”和“百姓儒学节”的实施，以及泗水县“乡村儒学”的开展和“儒风孝道之乡”的打造，都是政府起着主导的作用。① 各级党委政府应该按照社会主义核心价值观的要求，从宏观上做好组织协调和指导监督，加强对社会化的齐鲁文化普及教育的引导，促进其健康有序发展，防止出现走偏走歪的现象。

（2）加强对民间书院、国学院等培训机构的规范化管理

随着民间儒学、民间国学等的快速发展，社会大众对国学、对齐鲁文化的热情空前高涨，各种形式的民间书院和国学院等培训机构应运而生。应当肯定这些机构对于弘扬中华文化和齐鲁文化、培养传统文化人才起到了重要的作用。不过民间力量的大量涌入，也带来了很多问题，例如，很多培训机构的授课过于注重形式而忽视了国学的真正内涵；有的在讲授内容上不加甄别，宣扬违背现代文明的观点；有的将资本逐利的本性发挥到极致，全以盈利为目的，忽视了社会效益，甚至出现了收费高昂、影响恶劣的所谓“天价国学班”。这些形形色色的怪现象，与齐鲁文化的基本精神相悖。此外，改革开放以后山东民间书院快速发展，其在推动齐鲁文化交流、传播的同时，也存在政出多门、人员参差不齐等问题。为更好地发挥民间培训机构在普及齐鲁文化方面的作用，必须加强规范化管理。一方面，应积极鼓励和支持民间齐鲁文化培训机构和山东书院发展，考虑重建山东古代“四大书院”，并在孔子故里曲阜恢复重建洙泗书院、尼山书院、春秋书院和石门书院“四大书院”；另一方面，要加强统一管理和规范管理，在注册准入上从严把关，对教学质量进行不定期考

① 孟平．齐鲁文化视角下传统文化的传承与教育［J］．新教育时代电子杂志（教师版），2019（40）．

核，纠正其过度的商业运作，严厉打击办学过程中出现的违法违规行为。

（二）开展国民礼仪教育活动

运用国民礼仪教育活动推动齐鲁文化的教育普及，就应注重加强山东国民礼仪教育活动，建立健全公共礼仪礼节礼貌规范，加大重要礼仪的普及教育与宣传力度，积极开展丰富多样的健康礼仪活动。

1. 加强山东国民礼仪教育活动

中国是世界闻名的文明古国、礼仪之邦，好礼、遵礼、懂礼、有礼、重礼历来是中国人重要的待人处世之道，谦虚礼让、文明礼貌也是中华民族代代相传的优良传统。儒家一贯尚礼重礼，管子也倡导“礼义廉耻”四维，齐鲁大地有时也被誉为礼仪之乡。山东人历来重视餐饮礼仪、社交礼仪、家礼、开笔礼、成人礼、婚礼等，礼仪文化构成了齐鲁传统文化极为重要的组成部分。

当今社会，礼仪活动不应再是某些人的特权，也不应成为一些人表演娱乐、炫耀装饰、哗众取宠的噱头，而应作为表达敬意、加强交往、修身养性的重要方式。为维护齐鲁礼仪之邦的良好形象、推动山东省形成礼让宽容的社会风尚，更好地普及齐鲁文化，加强齐鲁文化教育，就必须建立健全公共礼仪礼节礼貌规范，加大重要礼仪的普及教育与宣传力度，积极开展丰富多样的健康礼仪活动。

2. 建立健全公共礼仪礼节礼貌规范

礼大致包括礼法、礼义和礼仪三大方面，而礼仪又可细分为礼仪、礼节和礼貌。在某种意义上，礼就是根据一个人在社会生活中的身份关系而确立的行为方式，大致相当于人的角色体系，它表明了一个人所应承担的责任以及相应的权利。讲究礼仪、礼节和礼貌，不仅是对别人的尊重，也是对自己人格的尊重。在各种各样的社会交往中，礼制约着人的行动，调节着人与人之间的关系，使社会生活的正常秩序得以维持。没有礼貌的社会，将是秩序混乱、举止失措乃至于粗暴野蛮、暴力盛行的社会。互相谦让、待人以礼，是维持人与人之间和谐关系的润滑剂。社会公共交往中，需要每一个公民遵守礼貌谦让的准则。凡是有人群集聚的地方，便会有矛盾，矛盾是引起冲突、制造事端的导火索，而懂礼貌、讲礼让正是化解矛盾、平息事端的重要途径，因此应制定合理的公共礼仪礼节礼貌规范。

那么，如何建立健全山东公共礼仪礼节礼貌规范呢？一是要扬弃齐鲁传统礼仪礼节礼貌规范。一方面，要反对形式主义的、繁琐的封建礼教，摈弃陈旧过时的繁文缛节，斩断封建礼教的绳索，砸碎“三从四德”的枷锁，不能再搞三跪九叩首之类的旧礼数；另一方面，要吸收齐鲁传统文化中符合现代文明要求的礼节、礼仪和礼数，防止人们的行为失序、失范。二是根据现实社会生活概括总结出一些新的礼仪规范。城市化、现代化、信息化的发展，迫切要求我们结合山东的实际，根据公共生活和公共关系的特点，提出并逐步完善山东所特有的在公共事务、公共角色、公众行为包括网络公共空间中的有关社会礼仪、服装服饰、文明用语等方面的礼仪、礼节、礼貌规范，并将之转变成社会主体的自律意志，促进齐鲁文化的发展。

3. 加大重要礼仪的普及教育与宣传力度

齐鲁文化要通过“礼”达到普及教育的目的，就必须加强礼仪教育，通过社会教育和自我修养使社会认可和共享的各种礼仪礼节礼貌规范内在化，变成人的思想自觉，进而推动人行为上遵礼、守礼、有礼，以便在公共生活中按照一定的规范和要求对待他人，努力使自己的一举一动、一言一行合乎规范。

(1) 用语礼貌，称呼得体

语言是人的心灵的窗户，是人与人交往的工具，是人们相互之间传递信息、表情达意、交流思想的媒介。说话要有礼貌，这是人类社会的常识。出言谦恭、谈吐礼貌，反映出一个人的文明和高雅；语言生硬，出言不逊，反映出一个人的无知和粗野。与人讲话应多用“您好”“谢谢”“对不起”“请多关照”等礼貌用语，不讲粗话。与人交流态度要诚恳、亲切，声音大小要适宜，语调要平和沉稳，表情自然大方，语气和蔼可亲；不要动不动就嘲笑别人的短处、揭人伤疤，努力避免冷语嘲讽、恶语伤人。

(2) 仪表整洁，举止得当

在公共场合要注意仪容整齐洁净，服饰恰当，不能不修边幅或是蓬头垢面，以体现对别人的尊重，给人留下美好的印象。在与人交往时，要做到举止得体，动作适宜，不宜太拘谨，也不可太夸张。比如，与女性交往时，要保持适当的空间距离，太近会给人一种被侵犯的感觉，太远则会给人留下高冷的印象。与人握手时要自然大方，面带笑容，注视对方；客人来访，要热情迎接，主动请坐、送水，客人告辞，要亲切道别，邀请他下次再来。

(3) 与人打交道时，要学会克制自己，做到谦逊礼让

为人处事要谦虚谨慎，尽量低调，同时也要宽宏大度，严于律己、宽以待人。面对老弱病残，力争做到礼让为先、尊老爱幼。在公共场合，难免会遇到利益上的冲突和其他各种矛盾。此时，不能一事当前，先替个人打算，只顾自己追名逐利，乃至于损人利己，这样势必导致人际关系紧张。应当先人后己，克己为人，努力替他人着想，展现出崇高的谦让精神和无私品格。

(三) 积极挖掘山东乡贤文化资源

乡贤是本乡贤达的意思，亦即本乡有德行、有才能的名人。他们以自己的

德行和才能，为自己生活的家乡做出了贡献，因而受到当时和后世人们的崇仰、爱戴。乡贤知书达礼、通古知今、崇德向善，注重传播道德、弥合分歧、协调冲突、守护秩序。他们修桥铺路、立祠建庙、兴教办学、培养后生。古代山东乡贤以其知识人格成为乡土社会齐鲁文化的引导者、维护者和传播者。无论是传承、保护、创新齐鲁文化，还是教育普及齐鲁文化，我们都要发挥新乡贤的重要作用，建设山东新乡贤文化。

自古以来，山东乡贤文化资源丰富，形成了尊奉乡贤、爱戴乡贤、信任乡贤的优良传统。鲁南枣庄、苍山一带，古称兰陵，西汉之初到魏晋时期，涌现出一大批鸿儒大师、高官廉吏之类的乡贤，如制定朝廷庙堂礼仪的“汉代儒宗”叔孙通，公羊学家、丞相公孙弘，叔侄帝师疏受、疏广，“凿壁偷光”的丞相匡衡，折槛谏臣朱云，等等，这些人不仅为齐鲁文化的创建发展做出了突出的贡献，还以其嘉言懿行推动了古代齐鲁文化的教育普及。此外，为了表彰乡贤人物，教育后代，使地方民德归厚，山东省过去许多地方兴建了不少“乡贤祠”。① 乡贤是乡村的灵魂，是乡村文明的精神标识，乡贤文化是齐鲁文化的重要组成部分，充分发挥他们的作用也有助于推进齐鲁文化的宣传教育，有助于齐鲁文化的普及推广。通过参观乡贤故居、讲乡贤故事、利用假期走访乡贤等活动，可以对青少年进行道德人文教育，提高人格修养，传播齐鲁文化知识。在大力弘扬优秀传统文化的今天，应当深入发掘和阐发乡贤文化资源。

所谓“新乡贤”，指的是扎实生活于乡镇村寨中的离退休干部、知识分子、科技人员、优秀企业家等人士，他们既具有较高的传统文化素养，又通时达变，更具道德权威；能够引领、教化乡民，泽被乡里，涵养文明乡风；帮助乡民维系情感联络的纽带，能促进公序良俗的形成，推动乡村社会的善治。② 那么，如何构建山东新乡贤文化呢？一是疏通渠道，搭建平台，创造条件，使一些干部、知识分子、企管人员、工程技术人员特别是涉农科技人员离退休后，发挥余热，报效家乡；二是订立规章制度，使上述人士返归家乡后具有一定的主导权、话语权；三是设立专门的独立机构，承担对乡贤的审核推举、培训提升、监督考核、调整退出等职能，以保障“新乡贤”的构建有序、可控；四是让他们参与乡村治理，既可“美政”又可“美俗”。

① 张玉玲，贺建芹．齐鲁文化视角下传统文化的传承与教育［J］．山东科技大学学报（社会科学版），2014（6）．

② 高林桦．试论齐鲁文化的社会教育普及［J］．人文天下，2018（14）．

第七章　新时代优秀传统文化的创新发展研究

众所周知，中国是一个文明古国，五千年的文化底蕴影响了一代又一代中华儿女。我国绚丽多彩的传统文化对于中国的发展起到了至关重要的作用，它推动了社会的进步，对世界的变迁有着巨大的意义。辗转到了21世纪，中国的传统文化被赋予了全新的意义，如何在21世纪将中国的传统文化发展壮大，将传统文化结合现代元素，并将其创新发展，使其更好地实现中国现代化建设是我们应该积极考虑的。本章主要立足新时代，对优秀传统文化的创新发展进行了系统论述。

第一节　优秀传统文化与当代影视作品创作

一、影视作品内容中的传统文化元素

对一部影视作品来说，在内容层面主要包括作品的题材、作品中的艺术形象、作品的创作宗旨或主题。其中，题材指的是作品着力展现的对象和主要内容；艺术形象则包含主要角色、自然景观和人文景观；创作宗旨和主题指中心思想；即作品弘扬的核心价值观和世界观。[①] 在这三个层面上，当代影视作品都从中国传统文化中汲取了丰富的营养。

（一）题材选取中对传统文化的观照

传统文化经由各种媒介和艺术样式留存，五千年中国文明史，留存了浩瀚丰富的创作素材，当电影、电视成为传播媒介时，自然而然地会从以往的媒介

---

① 田鹏飞．影视作品与传统文化元素［J］．中国报业，2019（1）．

留存中寻找文化的血脉和创作的素材。民间故事、话本小说、杂剧传奇，或者大量的今人写古人的题材，直都是影视作品中的鲜活素材。用电影史学家李少白先生的话说，这是“老故事、新形式。对这些戏的内容、人物，观众都很了解，可谓家喻户晓。但用电影拍出来，又有一种新的形态，感觉上不一样。符合既熟悉又陌生、既新奇又习惯的带有普遍性的大众观赏心理”。[①]

首先，古代的历史事件直接成为影视作品的题材。例如，1905 年，中国第一部电影作品《定军山》就取自戏曲故事，之后十年间，银幕上上演的戏曲片、武打片都是传统故事的演绎，如《难夫难妻》《庄子试妻》《火烧红莲寺》等。其次，在当代影视作中，古装片、武侠片、神怪片高潮迭起，还构架出了东西方交融的形象依托。第三，当代影视作品中，对传统小说的改编、对经典学说的重新阐释也创造出了独特的风景。中国电影对传统小说的改编是伴随着短故事片向长故事片的过渡开始的，电影时长的改变使得篇幅较长的小说可以被改编成电影。另外，有一些电影的故事直接来源于古典名著，如：《红楼梦》《牡丹亭》《杜十娘》《孔雀东南飞》《李娃传》《玉堂春》《桃花扇》等。第四，独占鳌头、势头正劲的动画片更成为传统文化的鲜活载体。

在中国人的记忆中，最初的中国动画片总是与传统文化和故事联系在一起的。由上海新华联合影业公司耗时两年，于 1941 年完成的大型动画片《铁扇公主》是中国，也是亚洲第一部动画长片。故事取材于古典小说《西游记》“孙悟空三借芭蕉扇”，动画片除借鉴了美国动画片中的一些元素外，还大胆汲取了中国古典绘画和古典文化艺术的营养，使中国山水画的风格被成功地搬上银幕 20 世纪八九十年代，一大批从内容到形式都极具中国传统特色的动画片呈现在观众面前，如《大闹天宫》《哪吒闹海》《三个和尚》《金猴降妖》《大闹天宫》《封神榜》《孙悟空三打白骨精》等。[②] 新千年前后，电脑技术的不断演进、国家对动画产业的大力扶持掀开了动画创作新的一页，更多的神话传说、民间故事、传奇故事成为动画片的创作题材。

（二）艺术形象塑造对传统文化的采掘

首先是影片中人物的传统文化性格塑造。

传统民族艺术和动画都是大众通俗文化，在中国有着悠久的历史和赖以生存的土壤，它与民众日常生活的衣食住行和精神需求有着割不断的血缘关系得到了广大人民的喜爱。在我国动画片中，人物的设置也是具有中国传统文化性

① 田鹏飞．影视作品与传统文化元素［J］．中国报业，2019（1）．

② 武奕岑．传统文化在影视作品中的回归和复兴［J］．神州，2019（7）．

格的，如动画片《哪吒传奇》的小哪吒是一个道德至上的动画形象。长久以来，中国人创作文学艺术作品，并不是单单为了赚钱，而是为了精神的陶冶。这种伦理文化又恰好与动画题材的民族性相连成为中国动画创作者们共同遵守和发扬的一种精神。

所以，在中国的影视剧作品中，人物的个性固然重要，但绝没有西方电影中那么突出，很多影视剧的主要人物都是因为一种隐忍、坚韧、善良、勤劳等品质给观众留下深刻印象，引起观众的心理共鸣。

其次是影视作品中人文景观、然景观的内涵挖掘和文化阐释。

“民俗标志着一个民族，一个时代的美学。它代代相沿承袭，显示出一种孳生的沉稳性，在它身上集中聚显了个民族的特征与个性。”[①] 在民俗民风背后凝聚着一种超越一地风俗，为民族整体所共有的一种审美经验。而电影、电视作为一种影像艺术，对展示地域风光、民间习俗具有一种先天的优势，在影视作品中展示本民族的风景，呈现本民族的独特文化，激发本民族的认同心理和对他民族的好奇心理，已成为创作者们一个自觉或不自觉的追求。

很多电视栏目就爱将节目内谷和本地美丽的风景结合起来，在进行节目内容叙述之余，又介绍和宣传了美丽的山水风光，为观众提供了更多的视觉愉悦与地理知识。

在叙事性的电视剧或电影中，强调地域特色比比皆是，蔚然成风。如“京派”的《四世同堂》《渴望》，“海派”的《上海的早晨》《大酒店》，“东北风”的《篱笆、女人和狗》等。

在这些作品中，自然景观、人文景观和民俗民风结合在一起，已不单单是种视觉造型，更融入了影视作品的内容层面，承载了节目或故事中丰厚的主旨和意义，参与到作品情节的推进、人物的性格塑造和深沉情感的抒发等各个环节中。

二、影视作品表现形式中的传统文化元素

作品的创作总是以受众的欣赏和接受为最终目的的，除了内容上符合受众需求外，形式上也应该符合受众的欣赏习惯和审美标准。各个民族、各个国家、各个群体、各个年龄段的受众都有自己的审美需求和品位，尤其是一个民族，由于在较长的时间段中拥有着共同的生活习惯和信仰，往往积淀出独特的艺术创作样式。当代中国影视作品在创作模式选取、文化意象构成和视听语言表达三个方面都渗透着中国传统文化元素，体现着鲜明的民族特色。

---

① 任梦池，张建军．中国传统文化在当代影视作品中的应用和融合［J］．电影评介，2018（10）．

（一）“影”“戏”合一的创作模式

中国电影自诞生之初就受到了古典戏剧、章回小说的叙事方式的影响，建立了特有的“影戏”理论。

这种“影戏”理论体现在影视作品的结构上，就是“一种平铺直叙、一线到底、有头有尾、因果鲜明的叙事模式，以便于观众把握剧情的发展脉络，使不同文化层次的观众都能够理解剧情。”①

著名导演谢晋的电影基本都采用起承转合的戏剧性结构，是完整的“开端（好人受难）—发展（道德坚守）—高潮（价值肯定）—解决（善恶有报）”的叙事组合。在叙事形态上，力求故事情节跌宕起伏，设置引人入胜的艺术境界。影片结构严谨，整体性强。②

另外，“影戏”理论也使得影视作品的创作者较多地使用戏剧创作的构思方式。20世纪80年代的大量纪录片创作就受到这种思维的影响，如《话说长江》《话说运河》，名字本身就传递出古典戏剧的味道，片子中不是分集，而是以第一回、第二回……这样的方式来统领全片。

这种“影戏”传承使得中国影视作品很少出现如《野草莓》《梦》等意识流的、非因果联系的、非时间性的、充满偶然性的电影。直到20世纪末，世界政治、经济一体化的全球化格局使得影视交流日益频繁，电脑的普及在引进新的技术的同时也引入了新的理念，“非线性”不再是一个陌生词汇。与此同时，网络的发达、电影市场的开放、国际交流的密切，使得更多的观众接触到了大量的国外影视作品，在品读异域故事的同时也逐渐接受了新的叙事模式。中国影片中也开始出现往复式的非线性叙事结构，如《苏州河》《疯狂的石头》，近段时间热播的电视剧《神话》也有了时空穿越。

（二）独特意蕴的文化意象

意象可以理解为“意向性的表象”。胡塞尔说，人对世界的认识是从表象开始的，这种表象在人类内心的呈现带有“意向性”特征，因此，心理学上用“意象”来说明这种带有内心倾向和建构性特征对世界表象的感知和认识。③ 心理学对婴儿早期视觉探索的研究也表明，人类对世界的认识从混沌的表象开始，图像是表象的物质性再现。④ 对图像的崇拜贯穿人类历史，不论是

① 宋家玲．影视叙事学［M］．北京：中国传媒大学出版社，2007：69.

② 程智力，周郁峰．我国影视作品中对传统文化元素的应用分析［J］．艺术教育，2017（4）．

③ 刘新业．传统文化元素在影视作品中的软性植入策略分析［J］．才智，2017（23）．

④ 程智力，周郁峰．我国影视作品中对传统文化元素的应用分析［J］．艺术教育，2017（4）．

远古的图腾，中世纪的宗教领袖，还是近代的革命领袖和现代的明星崇拜，这些物质性的图像成为意向性的表象。

20世纪80年代中国纪录片中的“山、路、河、墙”就是这样一组意象，靠光电转换成能被人的肉眼识别的表象，在观众心理形成“幻觉”，满足了“苏醒”中的人们的无意识寻根和民族文化崇拜，上演了一幕“战胜个体孤独的部落式狂欢”，完成了意象中积淀的文化的反思。

许多动画片运用寓意与象征的手法表达了一些吉祥与生命崇拜的观点。如：牡丹象征富贵，喜鹊梅花合绘“喜上眉梢”，莲花、鲶鱼合绘为“连年有余”。另外，龙与凤，鱼和莲等自然形态中一阴一阳的形象符号象征大自然的阴阳相合，人类的男女和谐、生命的无限延续。在动画片《渔童》《哪吒闹海》中，“渔童”“哪吒”都是在莲花中诞生，在民间中喻为多子，是孕育生命的载体。①

中国西部电影之所以具有较强的历史感、文化感和较为深刻的人生意旨与生活哲理，其影片中物象在深层上的表意功不可没。在西部电影中，有四大类具有象征意味的传统文化物象，如以“腰鼓”与“唢呐”为代表的乐器文化类物象、以“象棋”与“爆竹”为代表的民俗文化类物象、以“井”与“灯”来进行生理象征隐喻的物象、以“舍利”和“降魔杵”为代表的极具神秘色彩的佛文化物象。

一些家庭剧中出现的意象，也总是与作品展示的人物的生活环境、行为相辅相成、浑然一体，而不是外在于或人为强加于作品之上。随着剧情发展、戏剧冲突的不断展开，审美意象自然地呈现，与人物命运、戏剧冲突紧密结合，受众越是关注人物的情感命运，投入到作品所营造的审美感受中，越能够体味到作品中那些看似随意的摆设、物件所蕴含的独特文化意味。

（三）追求意境的视听语言

中国古典诗词、画、文赋、书法、音乐、园林、戏剧都十分重视意境的营造。齐白石在《蛙声十里出山泉》中并没有把青蛙直接画在画面上，而是通过悠然自得的小蝌蚪的形态，暗示出蛙声和山泉的流淌，这种“以实写虚、以虚映实”的表现方式造就了中国艺术独特的意境美。“有之以为利，无之以为用。”② 按照老子的观点，大凡可用声音、色彩、画面表现出来的都归于“有”和“实”。

① 秦晓宇．传统文化在当代影视作品中的展示与体现［J］．文艺生活（文艺理论），2015（6）．
② 吕探光．关于影视作品如何弘扬传统文化的几点建议［J］．数字传媒研究，2016，33（12）．

在影视作品中，“有”是实景，是影像，是可见的画面，“虚”是隐藏在影像背后的意义和内涵精神。在影视作品中，“虚”是看不见的，但是通过艺术创作者精心设计的影像，触发观众的情感、经验。使想象超越具体的物象，进入自由的精神漫游，产生了美感，产生了意境。电影《英雄》中许多场景的设计就充分体现了“不求形似，只求神似”的艺术魅力。无名与残剑在湖上比武一段，画面实际上并没有正面表现无名和残剑的打斗，而主要通过两人在湖面追逐、空翻、以剑划水、水滴飞溅落下等近于舞蹈形式的虚写，巧妙地传达了剧中人物的心理矛盾和剧情内涵，获得了“真实”模仿无法达到的效果，把一个英雄的悲剧表现得既凄美哀婉又扣人心弦。在《英雄》中，正是由于对“武打”形式的虚化和“侠义”精神的夸张性虚写，观众才从具体的情节细节中解放出来，才把对于情节、动作和人物相貌的关注转移到对影视作品内在精神的体验上，从而领悟到它的内在真谛。

原本没有生命的东西，会在意境中活起来，原来没有灵性的东西，会在意境中充满灵性。“山回路转不见君，雪上空留马行处。”影视作品中的空镜头、情节的省略、人物的虚化、构图上的含蓄、场面调度中的暗示以及隐喻、象征的运用都是在追求一种以有限表达无限、以像传意、以虚映实的中国风格的审美意境和文化精神，其结果往往给人以诗意化的无穷想象。

第二节　传统文化元素与现代艺术设计

一、现代艺术设计与传统文化融合的必要性

个性、民族性和时代性经常被作为评价艺术设计作品的三个主要因素，这三者你中有我，我中有你，形影相随，在人思维和行动时，都无法躲开它们的左右和支配。传统与现代因时间的距离所显现的结果似乎是相互矛盾的，然而，它们之间又有着割不断的依存关系。在人类历史演进的长河中，先人们留下了丰富的传统，而今天我们也在创造着历史。任何无视传统的做法就像没有根系的树木与没有地基的建筑，都是站不住脚的。

在19世纪末，西方艺术史中产生了为艺术而艺术、为生产而生产的两种思潮，在这两种思潮的相互撞击之下，催生了工艺美术运动，这意味着现代艺术与设计的萌动。而到了包豪斯时期，开始了现代艺术设计实践与教学的历程。从此，一提起“现代”，人们马上便会想到西方的现代艺术流派和现代设

计。这种认识从某种程度上抑制了设计的个性化发展。[①] 而实际上，西方现代设计和现代艺术，是经过漫长的道路，沿着自身的社会文化传统和时代变革方向而发展的。从这一点来看，中国的艺术设计之路也不例外。

西方文化艺术是在古希腊文化艺术的基础上发展起来的。其追求的是对自然的模仿，要求理解自然、把握自然，按照理性的思路发展。审美和传统艺术的理论，也由比例和谐的研究深化到了对空间理论的探索。焦点透视的出现，使写实艺术的时间、空间与物体结构更加具体，形成一种严密的关系，并且在西方科学研究成果的不断推动下，这种带有西方传统审美观和主要艺术形式的写实美术到了将近极限的地步。与此同时，随着西方近现代社会的变化，尤其是科学技术的高速发展，人们的生活方式发生了巨大的改变，从而影响了人们的审美观，人们对于自然和一切客观事物不再满足于模仿和再现，而开始强化自我感受和思想情绪的表达。在建立新的艺术审美观、时空观以及新的艺术形态过程中，面向世界，从东方艺术得到启示，成为新时期艺术的追求。其主要标志是从严密的三度空间中解脱出来，准确地说是增加了空间的自由性，呈现了四度空间（在三度空间基础上融入时间这个虚空间），进而在原始形态中寻找到了原生的艺术动力。

由此看来，西方现代艺术是在古希腊传统文化艺术及其审美观的基础上发展起来的，而西方现代设计又是从现代艺术中分离出来的。它们都带有地域文化性（即以地中海为中心的文化氛围），同时它又带有时代、社会的变革性，从而影响了它的审美活动。虽然在其成长过程中，西方现代艺术从东方及非洲艺术中借鉴了一部分元素，但从整体上讲，不论是西方现代艺术还是设计，都有着它们自己的个性，西方的“现代”也只能代表其自身文化发展的阶段性，而不能完全代表世界艺术及设计的发展状况。因此，“现代”这个词对于不同的国家应有不同的意义，这就是它鲜明的个性。但是，它也有共性的一面。世界发展到今天，人类文化在总体上必然要有一个层面，即特色各异的现代各国设计要靠一种能够相互沟通的“现代语言”来统一在这个层面当中，这种“语言”不仅是形式上的，而且是意识上的。

中国古代艺术特征是自身美学思想发展的必然，它与西方艺术的发展过程有着明显的不同，更依赖本体的“道”。中国古代传统艺术没有明确的空间理论。在绘画创作所运用的平远、高远、深远三远法，虽也涉及第三度空间，但没有西方焦点透视那样严格的规律。散点透视法则令中国绘画在空间上显示出了很大的自由性。在二度空间的造型上，中国绘画也没有明确的法则，一切都

---

① 宋晓．浅析中国传统文化元素与现代艺术设计的关系［J］．美术界，2009（1）．

体现在线的运用上。中国绘画的线，不仅在行气运笔中以提、按、顿、挫的形式，使线条呈现出时间的过程，而且也蕴含作者对生命的理解和自身的修养。一条线从下笔、运笔到收笔，本身就是时空的统一体。而对于点来说，在西方绘画中只有位置，但练过书法的人都知道，中国书法艺术中的点也和线一样，有着一个起、运、收笔的时空过程。这就是中国传统艺术呈现出由点、线表现主要空间特征的根源。不论是西方艺术还是东方艺术，都是在各国传统文化艺术的基础上一步步走过来的，他们的发展各有原因，这期间不排除异域文化的影响和渗透，但丝毫没有影响本民族文化特征中的鲜明个性与面貌。虽然各国的审美文化各有不同，都有其个性的一面，但是，他们又都同属于世界艺术园地中的一部分，共同构成了世界文化“和而不同”的现状和良性的文化生态环境。

中国艺术发展了几千年，到现在它应体现出一种什么样的现代感，应怎样走下去，尤其是艺术设计，作为艺术的个“年轻”的门类，应当怎样在保持其民族个性的同时，面向世界，面向时代，这是摆在设计师面前的重要课题。各国的风土特色、文化传统和艺术形式皆植根于各自的地域环境之中，人们的审美观的形成也与之息息相关。从世界文化的多元性角度来看，拥有个性和民族性才会更具有国际性。因此，只有重视个性和民族性，并在此基础上扩大国际视野，我们的设计才会被世界承认。另一方面，设计师还需步入现代文化状态，单纯重复祖宗或简单地模仿西方都是行不通的。要在艺术设计实践中既体现个性和民族性，又展示出现代的观念意识及时代感，不仅要继承与发展传统文化艺术，而且还要善于汲取西方现代设计的先进经验和成果。中国古代文化艺术源远流长，作为一个设计师来说，对于民族传统文化精髓的学习和了解，不仅只限于形式、造型，更重要的是对古代文化艺术中传统的美学思想、民族文化气质和哲学内涵的理解与继承。在传统文化艺术的基础上，民族情、国际观、时代感的发展理念仍然是中国的艺术设计走向世界的必由之路。

二、传统文化元素在现代艺术设计中的应用

（一）传统汉字文化在现代艺术设计中的运用

汉字作为中华民族独特的传统文化，具有强大的生命力与传承性，中华民族的汉字也是唯一可以作为艺术来欣赏的文字。汉字是中华民族的智慧结晶，造型独特，具有特殊的审美价值。就现代艺术设计而言，很多艺术设计都是借鉴了汉字的文化内涵。例如，在很多建筑物的外墙上，都会设计很多形态和各异字体的汉字，使建筑物更加具有文化即视感，从而提升建筑物的品位，成为

城市的地标性建筑。

汉字这种独具中华民族特色的传统文化对于现代艺术设计具有非常重要的影响，无论是日常的建筑设计还是国际盛会的整体布局，都是具有代表性作用的，合理地使用汉字这种传统文化元素，能有效焕活现代艺术设计灵感与动力，让现代艺术设计更具活力。汉字除了这种日常的汉字引入因素外，在北京奥运会上也体现了汉字与现代艺术设计的结合，北京奥运会的会徽即汉字“京”的变体，其中蕴含了中国书法文化，并且实现了书法文化与现代艺术设计的融合，让作品更加灵动自然，并且极具东方艺术特色，让人流连忘返。此外，在现代艺术设计中，汉字元素的运用也能不断得到挖掘与深化，甲骨文、篆体文字均极具中国传统文化特色，既能满足现代人对文化审美的需要，也能实现传统文化的有效传承与创新。

（二）传统绘画文化在现代艺术设计中的运用

绘画是中华民族灿烂的传统文化，在世界艺术史上都具有重要地位，传统绘画文化是艺术史上的瑰宝，与现代艺术设计的结合能够充分展现中华民族传统文化精髓，让世界领悟中华民族传统文化。传统绘画艺术对于中华民族优秀传统文化的传承具有重要意义，中国历史上优秀的绘画艺术家比比皆是，在如今时代，弘扬中国传统绘画艺术，促进绘画艺术与现代艺术设计的完美融合已经成为社会发展的必然趋势。

传统绘画文化与现代艺术设计有共通之处，首先，传统绘画与现代艺术设计都需要进行整体布局操作，对于整体布局的把控是绘画和现代艺术设计成败的关键点，因此，传统绘画文化与现代艺术设计以此为共通，可以实现有机结合；其次，绘画文化与现代艺术设计都能够将抽象事物通过实物表达，在其中寄托作者的情感，实现托物言志的目的，现代艺术设计通过这种艺术手法实现设计作品的升华，让现代艺术设计更具灵性。例如，在现代服装设计中，可以水墨画为主题，在服装上设计一幅具有中国风的特色绘画作品，这样可以让服装设计更加具有东方特色，实现绘画文化与现代艺术设计的完美融合，一方面传承和发扬了中华民族传统文化；另一方面也实现了现代艺术设计的完美升华。

（三）传统纹样在现代艺术设计中的运用

传统纹样文化是一种古老的文化表达形式，纹样具有深刻的文化内涵，是历史时代的一个缩影，纹样代表了一种文化形式和文化诉求，是中华民族优秀传统文化的另一种表现形式，对于中华民族传统文化的传承具有重要意义。

传统纹样也是一种特色传统文化，通过传统纹样能够营造出一种更加巧妙的意境，传统纹样形式很多，所表达的内涵也是不尽相同，因此，在历史发展过程中，不同的纹样也蕴含了深厚的传统文化。例如，青铜纹样在青铜器上的篆刻就代表了不同的含义，是一个时代和文化的缩影，而这种纹样也极具传统文化特色。在现代艺术设计中合理使用纹样，能够让现代艺术设计作品更具有古韵，古色古香，提升现代艺术作品的文化内涵与观赏价值。

三、传统文化元素在现代艺术设计中的传承和发展

（一）正确看待国际化和民族性在现代设计中的关系

在现代设计中，有许多具有中国特色的现代设计作品，他们成功地借鉴和运用了传统文化中的精髓来丰富自己的设计，取得了良好的效果，他们的成功不仅向世界显示了我们民族风格的当代性，充分说明了立足本土设计、吸收中国传统文化元素是我国艺术设计发展的正确方向。

目前本土化特色越来越受到大众的重视。对本土传统优秀文化的传承与创新，始终是现代设计师不可回避的现实。在与国际化接轨、学习的同时，如何对传统文化进行挖掘、整理、借鉴与创新，能成功设计出既具有悠久历史文化渊源，又不失现代气息，同时还能够为国内外受众所广泛认同的具有个性化的设计符号图形，是当前艺术设计师走出视觉符号过于国际化的困境，复兴和弘扬民族优秀文化，使设计艺术可持续发展的良好契机。设计师的地域成长决定了他的设计风格及对设计意识的理解。一件本土化的设计，从古代图形的演变到现代图形的升华，它始终是处在一定的地域范围来看待事物和进行设计的。设计师立足于本土来完成设计，创造出的作品富有本民族的思想理念及独特的表达能力，所设计的作品可以触摸到历史发展的脉络。我们常说地域性设计要创造自身的设计特点，就是要在世界符号的基础上接受地域符号的特色，原因是它容易沟通、理解、融合。对本土设计师来说，突出民族特色的设计，本身也是张扬个性化的设计风格。

中国现代设计师必须汲取传统文化内含的深厚文化底蕴和意义，融合时代的审美倾向，借助于现代图式的应用分析、阐释，我们能深切感受到中华民族近年来文化文明的积淀，及其对后世的巨大贡献和积极影响。

传统文化在其发展的历史进程中，不断被筛选、浓缩、凝聚、沉积而得到了一种必然的、普遍的内容与规范，现代设计正是从这种传统的内外包围中开始的。现代设计受政治、经济、文化、艺术等多方面的影响，是一个国家文化独立和民族自信的深刻体现。我国深厚的传统文化底蕴和广博的文化语言都是

设计师们取之不尽，用之不绝的创意源泉，它要求现代设计师在对传统文化的传承与发掘中建立起更为广阔、更为深入的思维结构和知识体系。

另一方面，面对全球化发展所带来的世界范围内的经济和文化的融合，中国本土的设计历史已置身于一种多元文化场景中。对于一个现代设计实践开始不久的国家来说，如何在这个全球化和多元化的世界性场景中思考自身的设计文化身份，发展具有民族特色，并且体现自身文化价值和意义的设计体系，是特别值得我们审视和深思的。在对传统图形及其所代表的中华文化、精神意蕴的传承问题上，应注意：我们所追求的民族表现形式和风格，是从创造有中国特色设计的整体和宏观的意义上讲，并不是每一个作品都要按照传统民族色彩、表现形式、技法不加以分析地一味照搬，要根据设计作品所要表达的内容、受众群体、最终目标等具体问题进行具体分析。在设计中对传统图形的运用不能仅限于形式、形态的简单挪用，必须要经过现代性的转换。在设计的过程中，无论是借用、解构、装饰，都不能简单地模仿，都要表现出适度创新。参照不失为一个简单又有效的方法。参照的对象是前人和当代的艺术成果或设计成果，参照的核心是形式借鉴，规律借用，由此及彼，举一反三。关键是根据设计所要表达的内容，找出规律和可变的环节，在基本规律或基本形式不变的前提下，使设计呈现出新的艺术面貌。借鉴传统图案的最终目的是为了体现文化精神，因此对传统精神的把握至关重要。目前些设计作品所采用的方法和着眼点在于将传统图形、符号在形式上挪用和重组，借以传达某些历史存在的信息，虽然这些方式也产生了一些视觉感觉还不错的作品，但是在表现形式上常常陷入语汇贫乏的尴尬。因此，充分认识并理解中华民族特有的精神气质，民族性格及其特有的美学观念，同现代设计的观念、形式、技巧很好地结合，就一定会创作出具有民族风格和时代气息的设计作品。

同时，我们还要认清中国传统文化与西方文化间的互补性，这是当代中国设计文化独立自主的历史要求，也是现实要求。在文化融合过程中寻求自身文化的发展机会，实现真正意义上的现代性转变，是当代设计师们所面临的问题。在这个过程中，对不同民族的文化批判地吸收是必要的，而对设计的分析、比较则必须放置于时代文化背景中来把握。[①] 只有在深入领悟传统艺术精神、充分认识现代西方设计思潮的基础上，兼收并蓄、融会贯通，寻找传统与现代的契合点，才能打造出符合新时代要求的有中国特色的现代设计作品，才能找到真正属于我们本民族的，同时又能够为国际社会所认同的现代设计作品。

---

① 石家诚．现代环境艺术设计中中国传统文化元素的应用［J］．居舍，2020（2）．

（二）正确处理现代设计中对传统文化的视觉元素取舍

中国传统文化博大精深，其间经历了五千年的沧桑，可以说是千回百转，源远流长，有太多民族性格和智慧在岁月中积淀了精粹；反之，也有太多与现代的审美趣味难以融合的糟粕。所以，对传统文化的发扬，在视觉审美上的取舍，都应以与现代文明相融合为基本出发点。正因为如此，我们更应格外注意对中国传统文化中视觉审美的继承。

（三）积极倡导在现代设计中继承和发展本民族的传统文化

设计师作为引领当今时尚文化的先导者，对我国传统文化的继承和发展有着不可替代的职责。当前，面对西方强势文化不断蚕食本民族传统文化的趋势，如何继承和发展本民族的传统文化，正是我们需要首要思考的问题。

本民族传统文化的继承和发展问题是当今设计领域中的热门话题。设计师需要在深刻理解本民族文化本质的基础上，从中国文化中的传统哲学层面和民族精神层面上继承和发展。比如“天人合一”“物极必反”等古代中国的哲学理念对当今的设计思想有很大的借鉴价值和指导意义。[①] 还有中国的传统文化在世界文明史上占有重要地位。传统文化中蕴含的精神素质更值得我们后人学习和继承。

需要注意的是，中国设计界在学习西方先进的设计思想的同时，也在逐步认同西方设计中的审美标准，并逐渐按照西方的审美标准来评判一个设计方案的好坏，这就对继承和发展传统文化设置了不小的障碍。我们自认为设计中的民族和传统的元素是按照西方的审美标准安排和组织的，这就使我们得到的结果与目的自相矛盾，本来是以维护本土文化的延续性为出发点，成果的好坏却是以西方审美标准作为评判的原则。[②] 这些都难以说得上是对传统文化的继承和发展，反而是对传统文化的歪曲和误解，甚至是一种破坏。带上西方审美标准的眼镜去谈论如何继承和发展本民族的传统文化显然是荒谬的。

我国悠久的传统文化在面对当今西方强势文化的冲击时，逐步被挤压、被排斥，甚至退出历史舞台，变成博物馆的陈列品。当我们忽视了民族歌舞、戏曲正在濒临灭绝的死亡线上挣扎，面对着后继无人的尴尬境地；当我们看到一片片的传统民居被毫无顾忌地推掉，变成标榜着美国、欧洲“设计大师”设

---

① 冯子宵．现代环境艺术设计中传统文化元素的运用［J］．锋绘，2019（1）．

② 张敏，官文雯，乐娟．论现代环境艺术设计中传统文化元素的运用［J］．建材发展导向，2019，17（6）．

计的居住典范；当我们看到书店里满目的少儿读物基本都是外国故事，我们不能不为传统文化的丧失而感到痛心。所以，在面对这样一种传统文化被挤压、覆盖的状态时，不仅仅是引领潮流的设计师，全社会的人们都要意识到对传统文化的继承和发展，要让一些职能部门和广大民众意识到保护传统文化的重要性，增强人们热爱自己本民族文化的意识。

在传统与现代的结合上，国外优秀的设计作品为我们提供了很多可供借鉴的范例，特别是同属东方民族的日本，其设计在世界的设计领域中可谓独树一帜。在吸收融合外来文化的同时，依然保持着浓郁的东方风情和本民族的传统特色，相当一部分设计作品凸显出鲜明的传统文化的特点。这些作品极其重视汲取传统文化的精华，将本民族传统文化中不同艺术样式的表现语汇兼收并蓄，融会贯通在现代设计之中。我们要从传统艺术中汲取营养，借用传统艺术深化设计作品的主题和内涵以及本民族传统文化的特点和气质，以独具特色的风格面貌融入现当代世界优秀设计作品之列，充实和丰富现代设计的语汇，对推动现代设计的发展起到积极的作用。吸收传统艺术的精华，融入了现代设计的一些构成形式、表现手法和技巧，以及现代人的审美情趣和审美观念，将传统艺术用现代的意识和方法加以演绎，赋予传统艺术元素以新的意义和新的视觉感染力。虽然说，传统文化及传统图形是人类历史和文化长期发展过程中的积淀，但对传统图形的研究和探讨并不是为了重复过去，而是为了更好地服务于现在和未来。借鉴和弘扬传统文化及传统图形有助于在优秀文化传统及历史文明的基础上，更好地以现代的设计理念和表现手法，丰富设计的表现手段，切实推进现代设计的发展。

第三节 优秀传统文化的产业化发展分析

一、优秀传统文化与文化产业

（一）文化创新与文化产业的关系

从逻辑上讲，现代文化创新与文化产业二者是种属关系，文化是属概念，其内涵和外延比文化产业更广；文化产业是种概念，它包含在文化之中，是文化中可以用产业方式运作的那一部分。这一部分文化可称之为经营性文化，在市场经济条件下，其范围越来越广，主要包括娱乐业（国外对娱乐业的界定范围很广，包括演出、电影等，我国的娱乐业主要指歌舞厅等娱乐场所）演出业、影视业、出版业、网络业等等。[①] 文化中不可以用产业方式运作的那部分，可以称之为非经营性文化，主要包括义务教育、学术研究、文学艺术以及图书馆、博物馆、文化馆等公益性文化。当然，这两部分文化并不是截然分开的，常常交织融合在起。但是，区分这两类不同性质的文化具有非常重要的意义，这是我们认识文化与文化产业的关系的基本立足点。

既然文化当中的一部分并且是很大一部分可以通过产业运作方式获得利润，有时甚至可以获得高额利润，文化产业必然就应运而生。据此，文化产业可以界定为从事文化产品的生产和经营的行业，是一个以精神产品的生产交换和消费为主要特征的产业系统，是一个涵盖包括文化艺术业、新闻出版业、广播电视业、电影业、音像制品业、娱乐业和版权业等在内的庞大的体系。随着经济的发展和社会的进步，人们的闲暇时间越来越多，对文化的需求和消费也日益旺盛，因此，文化产业通过满足人们的文化需求和消费，创造和积累了大量的社会财富，起到了增加就业、创造价值、刺激消费、涵养税源等重大作用，成为新的经济增长点。因此，文化产业在许多国家被誉为“朝阳产业”“支柱产业”或“无烟工业”“知识工业”等。

因此，可以说文化产业从本质上讲是一个经济学的概念。文化产业的投资者和经营者的根本目的或者说主要目的是为了赚取利润，如果无利可图，人们绝不会去投资兴办任何一种文化产业，例如，世界上没有哪一个老板会去投资兴建一座图书馆或者一个歌剧院的。文化产业的经营者在经营当中必然要遵循经济规律、市场规律。尽管我们强调，从事文化产品的生产者和经营者不同于一般物质产品的生产者和经营者，要把社会效益放在首位，争取社会效益和经济效益的双丰收，但是在实际当中往往很难做到，因为这两个效益既统一又矛盾，以营利为目的的文化产业的经营者往往更多的是注重经济效益，那只“看不见的手”总是起着决定性的作用。

尽管文化产业的发展客观上能够满足人民群众不同层次的文化需求，能够在一定程度上促进文化艺术的丰富和繁荣，但文化产业作为一种经济行为，它不可避免地带有自身难以克服的缺陷。如果所有的文化都通过产业方式运作，一味地追求利润，那将是文化的悲哀，也是发展文化产业的误区。那么，为了文化的繁荣和发展，为了社会的全面进步，如何消除和弥补文化产业带来的负面影响呢？除了要不断完善文化产业的政策法规，促使其健康发展之外，还要依靠国家和政府的力量，把文化中不可以用产业方式运作的那一部分，即非经

① 李静．推进文化产业对优秀传统文化的保护与传承［J］．中国民族博览，2020（4）．

营性文化建设好、发展好。

如果说经营性的文化产业其本质是一种经济行为、市场行为、商业行为的话，那么不可以采取产业方式运作的非经营性文化，即前面提到的义务教育、学术研究、文学艺术以及图书馆、博物馆、文化馆等文化的特殊本质就是它的创造性和公益性，其根本目的是提高国民的思想道德素质和科学文化素质。这一类文化是最本质最重要的文化建设，是一个国家发展的动力，是个民族进步的灵魂，必须依靠政府的投入，或者国家制定相应的政策，予以必要的扶持和引导。这就是文化与文化产业的根本区别，也是政府与文化企业家的不同职责。

中国的改革开放，经历了一个出外到内、由下到上、山点到面的大变革历程，先是以市场经济为核心的经济体制改革，包括农村经济从包产到户联产承包到股份制改造，国有资产重组与产权开放的产业体制改革，城市居民的教育体制、住房体制、医疗体制、公用体制的经济改革，国家机关人事制度的改革；继之以文化体制改革为核心的上层建筑大变革，包括国家科技体制改革、国家环保体制改革、国家金融体制改革、国家法律体制改革、国家新闻体制改革、国家广电体制改革、国家文化体制改革等。文化体制大变革、文化经济大发展、文化产业大创新带动了经济的跨越、社会的进步与国家的全面成长。我们必须从这个角度和背景来看文化产业与文化创新。但目前中国的文化产业与文化创新，遇见了前所未有的难点和问题，比如创意与人才的投入成本问题，文化与服务的市场规则问题，资本与金融的运行机制问题，知识产权保护的法律机制问题，文化产业扩张的资产评估问题等。这些问题的解决都需要认真落实《国家“十一五”时期文化规划发展纲要》，进一步推动文化产业和文化创新健康、持续地发展。

（二）文化产业存在的问题

1. 文化创新能力不强

这是制约中国文化发展，从内部构成中国国家文化安全问题的一个主要因素，而且也正是这样的不足和不强，成为“文化帝国主义”在全球化的背景下对华实施文化“入侵”和文化“殖民化”的一个重要而且危险的接口。在中国的对外文化贸易过程中，在国际版权贸易方面，之所以会出现如前所述的巨大的贸易逆差，一个重要的原因，就是这些年来，我们确实鲜有称得上是“创新”并引起世界关注的理论成果和艺术作品问世，一个最鲜明的对照就是亨廷顿的“文明的冲突”理论的提出，而中国的思想理论界却没有对冷战结束后世界格局的变化表现出和达到一个大国相应的理论思维高度。相反，这些年大量引进的各种西方学说、思潮，又无不影响和制约了中国文化界的原创能力的焕发。如从20世纪80年代开始的文艺新潮，被称为创新的部分，几乎全是对西方现代主义及后现代主义种种形式、手法的袭用，从意识流、朦胧诗，泛性论表现，叙述主体的介入，无不如此。文艺批评的话题，从存在主义、接受美学后结构主义、女权主义、后殖民主义，一直到这里所说的全球化，全是西方话语，在这方面，中国最好的批评家也只是复述西方话语而已。这就使我们在文化创新的源头，出现了一种能力转移，本来的文化创造变成了对西方文化话语系统和价值观念的主动复制和传播。言必称现代主义和后现代主义，已经成为中国文化界的一种新的思想僵化和文化僵化，它造成了当代中国文化原创能力的深层弱化，使中国文化的现代化失去了文化原创的应有动力，也导致和构成了“文化殖民主义”现象在中国的现实存在。这种现实存在所构成的文化威胁，普遍地存在于从观念形态到产业形态的各个文化层面。在这样一种文化生态状况下所产生的一切文化产品不可能在国际文化市场拥有竞争力和市场份额。也无法满足国人日益增长的文化消费需求，更不能在国人精神生活的深处形成强大的文化凝聚力，从根本上构筑起国家文化安全的万里长城。

2. 在认识上存在片面性

在思想上，我们还没有把文化影响力放到提升国家形象和增强国家软实力的层面。有的人还只把文化当作经济的附属品，还没有意识到文化影响力也能直接关系到中国在国际上的“声誉资本”。文化软实力跟不上，就会在国际交往中增加许多误解，不能让世界有效接受中国的价值观和了解中国文化这种“声誉资本”的缺失会影响经济的发展。

文化的繁荣是文化产业发展的前提条件。没有高水平的文学艺术，包括小说、诗歌、戏剧、电影、音乐等原创性的文化的繁荣，演出、音像等文化产业便成了无源之水、尤本之木，如何能够发展起来呢？同时，没有一定的经济环境和条件，没有相当购买力的文化消费者，发展文化产业也只能是句空话。因此，文化产业既有赖丁文化的发展水平，也有赖于经济的发展水平，没有高度发展的经济和高度发展的文化，要想取得文化产业的大发展是不可能的。换句话说，发展文化产业必然受一定的经济和文化的制约。发展我国的文化产业，必须从我国社会主义初级阶段的实际出发。

文化产业缺少诚信。近年来，文化产业内商业诚信缺失和市场秩序混乱，产生了盗版猖獗、拖欠款严重、创造自主知识产权的热情下降等一系列恶果。尽管政府有关部门不断地采取措施来扭转这一局面，但实际上收效甚微，甚至有愈演愈烈之势。这种局面如果不及时改变，文化产业的发展就会严重受挫。

目前，与发达国家相比，我们发展文化产业必须扬长避短，发挥我国历史悠久，文化内容优秀、多样和底蕴深厚等优势，充分释放所隐含的巨大经济潜力，这是发展我国特色文化产业十分重要的方面。

3. 文化产业结构不合理

改革开放以来，中国的文化产业伴随着市场化的进程有了长足的发展。这种深刻的结构变革导致了两个结果：一方面，一种以大众文化为中心的文化生产和消费机制已经形成。另一方面，随着市场化带来的社会分层，文化方面的分层也已经出现，各个不同阶层和利益主体的文化趣味也开始在文化中发挥影响和作用。这主要表现在以下几个方面：

文化产业发展的城乡差别明显。与经济发展程序相适应，文化产业的发展在城镇与乡村存在着极大的差别，居民用于文化方面的消费结构产量失调。如城乡间特别是不同阶层居民间收入差距过大，大量中低收入阶层在扣除衣食住行、医疗、养老和教育准备后，可用于文化消费的收入其实很少，消费能力严重不足。基于城镇与乡村在生活环境及消费需求方面的差异，政府在构建产业政策方面必然表现为优先发展城镇文化产业，激活城镇文化消费，其次才是考虑农村文化产业的规划。经过近十年来的激烈竞争，文化产业在城镇确实取得了突飞猛进的发展，农村文化产业的发展则相对较为薄弱，但随着生活条件的逐步改善，农村文化产业的发展相对于城镇文化产业而言，具有更大的潜力，对于就近解决农村劳动人口就业，促进农村城镇化进程具有极为重要的意义。

文化产业发展的区域性差别显著。区域和地方之间的文化差距有进一步加大的趋向。在中西部省份和沿海省份之间，在城市与农村之间，文化发展的不平衡依然很严重。文化产业的发展不仅表现为城乡之间的差异，在地区之间的差别也极为明显。从总体来讲，东部地区的文化产业发展态势明显好于中、西部地区。

文化产业的投资结构严重不合理，民营资本应当成为文化产业发展的强劲动力。文化产业的投资结构不合理，主要表现为国家投资的比重过大，和用外资和社会资本的比重则相对过小。文化产业仍然被作为社会福利事业，主要由国家予以扶持和支撑。但是，实践证明，单凭政府的力量无法解决长期困扰中国文化产业发展所需的资金和技术、人力、管理不足的问题，因此，要真正在推进现代化进程中做到中国文化生存和创新发展的长治久安，就必须借助民营的力量，制定和实施文化产业民营化的发展战略。通过“藏宝于民”的文化策略，通过完善以文化投资立体多元化为核心的文化产业政策体系，以及相应的文化投资体制改革，来促进现代文化产业的创新发展。

文化产业管理措施不当。文化产业内部现行的各种管理措施源自计划经济时代，尽管十多年来不断修改，但仍带有浓厚的计划经济、不遵循市场经济规律的色彩，制约了文化产业的发展，应当进行全面的梳理和修订。相应的，与文化产业紧密相关的财政、税收、贸易等方面的政策法规所存在的一些不匹配的问题，也应尽快重新审视解决。在解决的过程中，政府要避免采取简单化、搞运动式的指挥方式。由长官意志造成的盲目跟风、完成任务式的折腾，容易将脆弱的文化产业置于死地。[①] 政府应当鼓励和指导企业按照市场运行规律，根据自身具体状况，因地因时制宜，自行探索其发展途径。

（三）文化产业发展的对策

1. 发展文化产业必须坚持正确的指导思想

文化是国家和民族的灵魂，集中体现了国家和民族的品格。发展文化产业，必须坚持正确的指导思想。发展文化业与坚持文化的意识形态属性是高度统一的，那种把文化产业的发展与文化的意识形态属性对立起来的认识是不正确的。文化既具有产业属性，又具有意识形态属性。我们既不能用文化的意识形态属性排斥它的产业属性，也不能因为文化的产业属性而忽视它的意识形态属性。发展文化产业，必须坚持以人为本的方针。改革开放以来，人们对精神文化的需求不断增长，这就要求社会能够为人民群众提供更多更好的文化产品和更优更全的文化服务。发展文化产业，必须突破那种仅仅把文化当作事业由政府来包办的传统发展模式，为促进文化的发展提供更广阔的空间。繁荣社会主义文化，运用产业的模式来发展文化，就是要坚持为人民服务、为社会主义服务，保障和实现人民群众的基本文化权益，使广大人民群众共享文化发展成果。发展文化产业，必须正确处理经济效益和社会效益的关系。发展各类文化事业和文化产业都要贯彻发展先进文化的要求，始终把社会效益放在首位。文化作为产业，要实现再生产，就必须讲求经济效益。但是，文化产品又是特殊商品，必须贯彻发展先进文化的要求，必须把社会效益摆在首位，保证文化发展的正确方向，不能一味迎合人们的胃口，而忽略了文化的价值追求和精神内涵。文化事业和文化产业的发展，必须立足于在全社会树立中国特色社会主义的共同理想，广泛开展社会主义荣辱观教育。在确保良好社会效益的前提下，争取更大的经济效益，实现社会效益和经济效益的有机统一。

2. 要大力发展反映先进文化的文化事业和文化产业

当前，我国文化发展主要包括事业发展和文化产业发展。我国的文化发展，一方面要努力满足人民群众日益增长的精神文化需求，使文化产品的数量和质量与人民群众的精神文化需求基本适应，另一方面要着力实施文化创新、

---

① 赵庆文．传统文化与文化产业融合发展的路径研究［J］．文化学刊，2019（10）．

产业拉动和“走出去”的基本战略，使文化成为我国综合国力的重要组成部分。文化事业包括社会主义文化建设的各个领域、各个方面，其中既有主要体现社会效益的狭义文化事业，又有社会效益与经济效益并重而以社会效益为主的文化产业，这是向广大人民群众宣传先进文化的主要载体和主要渠道。

我国的文化产业已取得长足的发展，我们要顺应新的发展趋势，大力发展文化产业，优化资源配置，追求文化产品价值增长最大化，力求社会效益与经济效益的最佳结合。同时在所有文化资源中，要特别重视人力资源，实现以人为本的思想，保护知识产权的独立性与合法性，允许各类专门人才以智力资本投资形式参与文化投资和收益分配，以充分调动人的积极性和创造性。文化产业是一种特殊的产业，文化产品不仅具有商品属性，而且具有意识形态属性。文化产品的这种双重属性要求我们对文化产业必须加强监管和调控，坚决打击反动、迷信、淫秽物品的生产和流通，确保文化产业的健康发展。

现在，我们必须立足国内，发挥政府和社会的积极作用，增加公共投入大力加强文体事业发展。要重点扶持重要新闻媒体、体现民族特色和国家水准的重要文化项目和艺术院团、重要文化遗产和优秀民族民间艺术，加大对非物质文化遗产和基层文化设施建设的投入力度，保障对公益文化事业的基本投入。

3. 要树立文化产业观念

思想是行动的指南，认识是行动的先导。要跨越文化产业的雄关漫道，首先要跨越对文化产业思想认识的漫道雄关。要充分认识文化产业的巨大发展潜力，真心实意地促进文化产业的发展。要充分认识到发展文化产业是满足人民群众精神文化需求，实现人们的全面发展的客观手段和重要举措，也是落实科学发展观的必然要求。因此，必须以科学发展观指导文化产业的发展，坚持以人为本，把人作为发展的主体和根本动力。① 要做到这一点，首先要承认文化具有价值。文化价值不同于一般的物质价值，它具有双重特性，既有有形价值，又有隐形价值既有经济价值，又有精神价值。只有正确把握衡量文化价值的价值尺度，才能使人们在总体价值目标的实现过程中，自觉地树立文化产业观念。改革要推进，观念是先导。因此要多做解放思想、转变观念的工作，树立与社会主义市场经济体制相适应的新的文化发展观，用科学发展观统领文化事业发展和文化体制改革，以新的思维研究新的情况，以新的办法解决新的问题，以新的举措打开新的局面。

4. 要深化文化体制改革

深化文化体制改革，推动文化事业繁荣和文化产业发展，是党中央在科学

---

① 李静．推进文化产业对优秀传统文化的保护与传承［J］．中国民族博览，2020（4）．

判断国际国内形势，全面把握当今世界文化发展趋势，深刻分析我国基本国情和战略任务的基础上做出的一项重大决策，是落实科学发展观、构建社会主义和谐社会的重要内容，是发展社会主义先进文化、满足人民群众日益增长的精神文化需求的必然要求。

文化体制的改革是文化创新的中心环节，也是促进文化艺术长期繁荣的制度保障。我国现行的文化体制是在长期计划经济体制下形成的，改革开放以来，文化领域的改革不断向前推进，促进了文化艺术的繁荣。但从总体上看，现行的文化体制不适应社会主义市场经济的发展，不适应人民群众益增长的精神文化需求，也不适应文化艺术自身发展的要求。根据社会主义精神文明建设的特点和规律，适应社会主义市场经济发展的要求，大力推进文化体制改革，是发展社会主义文化事业的必然要求。因此，我们要以改革促发展，围绕发展推进改革，用发展的办法解决改革中的问题，用发展的成果检验改革的成效，促进文化事业和文化产业健康快速发展。

5. 要打造中华文化品牌

虽然中国具有五千年历史的传统文化在全世界的影响越来越广泛，但只有将博大的传统文化资源转化为现实的经济实力，才能打造出具有国际影响力的中华文化品牌，如四大发明、戏曲国粹等。在打造中华文化品牌方面，要特别注意以下问题：

我国应尽快确立以中华文化为品牌的文化产业的科学发展观，用以指导制订有关文化产业发展的政策法规。考察文化产业成绩斐然的国家所制定的发展规划，无一不是从鼓励和保护弘扬本国民族文化入手的。

中华传统文化是由多方面内容构成的。不仅有儒道学说以及其他杂家学说为代表的思想道德文化，而且还有传统医药学和科学技术、文学艺术、民间文化等，所有领域都蕴含着可供发掘的资源。由于各种原因，过去对于传统科技、民间文化等的研究、保护和开发重视不够，而这几个领域的开发恰恰是有可能对人类文明做出巨大贡献的。因此，我们要进一步挖掘传统文化的产业价值，在全球经济一体化的新时期，创立文化产业品牌。

中华传统文化各个方面的内容中，既有应当弘扬的精华，也不乏应当摒弃的糟粕，对此务必有清醒的认识。既不能对传统文化采取虚无主义的态度，也不能盲目崇古、复古。

文化要通过产品对人进行潜移默化的影响，而非强制性灌输所能奏效的，文化产业需要的是市场运作，所提供的中华文化产品，必须具备能够获得消费者青睐的新形式、新内容。

二、优秀传统文化传承创新与旅游文化产业

优秀传统文化的传承与发展是一项关乎国家和民族命运的战略性、全局性工程，涉及所有部门和领域，也是全社会的共同责任。旅游业作为一个以文化为灵魂、以保护传承和交流传播优秀文化为己任的现代服务业，在传承和发展中华优秀传统文化中能够发挥不可替代的重要作用。

首先，旅游是优秀传统文化展示的重要形式。文化是旅游的灵魂，旅游是文化的展示方式，无论是文化遗址、遗迹、文物、建筑、艺术景观等形式的物质文化遗产，还是以民间艺术、传统习俗、民族风情等为主要形式的非物质文化遗产，博物馆、艺术馆、遗址公园、文化公园、历史和文化街区等旅游公共产品都是它们最重要的展示方式和存在空间，以旅游景观、休闲游憩活动、舞台或现场演艺、参与性体验节目、研学课程等产品类型，供游客观赏、体验和研修。优秀传统文化的社会价值，在很大程度上就是以旅游产品的形式、并通过旅游的途径得到最有效的发挥。即使是那些融入城市发展、美丽乡村建设和生产生活的文化元素文化符号，也是在以旅游公共资源、旅游公共设施等形式在为旅游者提供着旅游公共服务，或营造着旅游公共环境。

其次，旅游是传统文化传播交流的重要渠道。旅游本身就是一种通过人的流动来实现文化的外向传播与异地交流的重要渠道，在这一过程中，旅游者成为文化传播交流的载体。改革开放以来，随着我国国际旅游的快速发展，中餐、唐装、中华武术、中医药等最具代表性的中华文化，就是随着海外旅游者的脚步，从中国走向了世界各地。中华优秀传统文化要积极参与世界文化的对话与交流，无论是通过海外旅游者来中国旅游，将中华文化带向世界，还是通过中国公民出境旅游将中华文化向国外传播，旅游都是最直接、最有效的途径。即使是在国内旅游领域，优秀的历史文化、传统文化和现代红色文化等，也一直是我们开发研究旅游产品、红色旅游产品等最重要的文化资源。旅游成为文化交流传播最重要和最有效的渠道。

再次，旅游是传统文化创造性转化、创新性发展的重要手段。旅游业本身就是创新、创意型产业，旅游开发是文化创新的重要手段。优秀传统文化自身也要随时代而改变和发展，特别是在现代社会，更需要不断赋予传统文化新的时代内涵和现代表达方式，使中华民族优秀的文化基因能够与当代文化相适应、与现代社会相协调，能够让更多的现代人去理解、认知和接受旅游能够通过与时俱进的创新、创意，以最让人喜闻乐见的方式去诠释传统文化的内涵，去表现传统文化的形态和特点。同时，旅游转化和创新发展方式，本身也是对传统舞台艺术、传统表演艺术、传统工艺美术以及传统文化展示方式的创新和

发展。

最后，旅游是社会力量参与传统文化保护传承的重要途径。优秀传统文化的保护传承与创新发展，需要全社会的参与，特别是需要在政府的主导下，通过鼓励和引导社会力量的广泛参与，并通过市场化手段，来吸引各种社会资本参与中华优秀传统文化的传承与发展。社会资本参与的文化传承发展项目，有公益性的，也有市场化的。而以优秀传统文化为主题进行市场化利用，旅游化开发和利用是最有效的途径和最重要的渠道。实际上，以旅游化利用为渠道进行优秀传统文化的保护与传承，已经在以往的实践中取得了巨大成就，特别是非物质文化遗产的保护传承，“非遗”进景区、“非遗园”建设、“非遗”社区营造等成功的模式，都是通过旅游化利用途径、市场化运作渠道实现的。①

总之，中华优秀传统文化的保护、传承与发展，需要全社会的共同参与，旅游业作为以文化为灵魂、以文化为资源的现代服务业，以其展示手段灵活方式多样、传播面广、易于接受等特点，必将在中华优秀传统文化的保护与传承、创造性转化与创新性发展以及增强民族文化自觉与文化自信中发挥重要作用。

① 刘鹏飞．中华优秀传统文化传承和发展的新途径［J］．文化产业，2019（1）．

参考文献

[1] 安国楼，张得水，张留见，等．河洛文化与客家文化［M］．郑州：河南人民出版社，2018.

[2] 白琨．古今融合与创新 现代艺术设计中的中国传统文化元素研究［M］．长春：吉林美术出版社，2018.

[3] 曹志斌．大学生传统文化教育与高校文化建设研究［M］．北京：世界图书出版公司，2018.

[4] 陈守聪，王珍喜．中国传统文化的价值与现代德育构建［M］．北京：光明日报出版社，2013.

[5] 陈天然．论中国传统文化与当代影视创作的关系［J］．金田，2014（9）．

[6] 陈先枢．近代湖湘文化转型中的民俗文化［M］．长沙：岳麓书社，2017.

[7] 陈义初．河洛文化研究十年［M］．郑州：河南人民出版社，2018.

[8] 崔卫兵，李国亮，杨家余．新时代大别山红色文化传承研究［M］．合肥：合肥工业大学出版社，2018.

[9] 丁凤云．红色文化与沂蒙精神［M］．济南：山东人民出版社，2012.

[10] 范忠永．地域文化现代教育价值的思考［J］．科教文汇（下旬刊），2015（3）．

[11] 高峰．依托地域文化，开发德育课程［J］．四川教育，2019（20）．

[12] 苟琳．溯源 中国传统文化之旅［M］．上海：上海社会科学院出版社，2017.

[13] 郭必选，杨延虎，任学岭．延安精神探源［M］．北京：红旗出版社，2005.

[14] 何虎生．延安精神［M］．合肥：安徽教育出版社，2019.

[15] 何南江．传统文化传承与社会教育研究［J］．智慧引航，2020（4）．

[16] 何小陆，等．中国传统文化要略［M］．南昌：江西高校出版社，2015.

[17] 贺巧莲. 地域文化与教育 [J]. 当代旅游, 2019 (13).
[18] 黄俊程. 中华优秀传统文化与家庭教育的探讨 [J]. 新教育时代电子杂志 (学生版), 2018 (43).
[19] 汲广运, 王厚香. 沂蒙精神的地域文化渊源研究 [M]. 济南: 山东人民出版社, 2017.
[20] 贾飞彪. 传统文化在学校教育中的探索 [J]. 考试周刊, 2018 (29).
[21] 贾亮, 黎桂华, 金龙. 武术传统文化与实用套路解析 [M]. 北京: 中国商务出版社, 2008.
[22] 金琪. 中和育人 浸润中华优秀传统文化的德育探索 [M]. 上海: 上海教育出版社, 2017.
[23] 孔亮. 高校德育教育引入传统文化的创新研究 [M]. 北京: 世界图书出版公司, 2018.
[24] 李广龙. 当代教育中的中国传统文化研究 [M]. 长春: 东北师范大学出版社, 2018.
[25] 李红丽. 中国传统文化导读 [M]. 上海: 上海交通大学出版社, 2017.
[26] 李军瑞. 传统文化元素在现代艺术设计中的应用研究 [J]. 艺术家, 2019 (9).
[27] 李宽松, 罗香萍. 中国传统文化概论 [M]. 广州: 中山大学出版社, 2018.
[28] 李胜芝. 传统文化浸润家庭教育的方式分析 [J]. 当代家庭教育, 2020 (13).
[29] 李诗斌. 传统文化与校外教育 [J]. 中国校外教育, 2019 (31).
[30] 李宇轩. 传统文化产业化发展的挑战与建议 [J]. 今日财富, 2017 (19).
[31] 林山. 悠悠中华之韵 地域文化 [M]. 长春: 北方妇女儿童出版社, 2019.
[32] 刘纲纪. 传统文化、哲学与美学 新版 [M]. 武汉: 武汉大学出版社, 2006.
[33] 刘红伟. 传统武术文化教育价值探析 [J]. 云南行政学院学报, 2013 (5).
[34] 刘新科. 中国传统文化与教育 [M]. 长春: 东北师范大学出版社, 2016.
[35] 鲁光远. 现代艺术设计中传统文化创新 [J]. 青年生活, 2019 (22).
[36] 路伟. 中国传统文化 [M]. 桂林: 广西师范大学出版社, 2016.

[37] 罗昌智．二十世纪中国作家与荆楚文化［M］．武汉：湖北人民出版社，2004.
[38] 马洪波．中国传统武术文化在高校传播的认识［J］．文体用品与科技，2015（4）．
[39] 马怀立，姜良威，张毅．中国传统文化［M］．天津：天津人民出版社，2018.
[40] 潘伯祥，朱玲琳．延安精神当代价值丛书［M］．武汉：武汉出版社，2012.
[41] 潘万木，杨文胜，吴浪平．简明中国传统文化 第 3 版［M］．武汉：华中科技大学出版社，2019.
[42] 彭国强，于均刚，郑丽莎．文化强国视阈下传统武术文化价值研究［J］．武术研究．2020，5（4）．
[43] 彭金祥．汉字与中国传统文化［M］．成都：电子科技大学出版社，2017.
[44] 冉启江，韩家胜，康佳琼．中国传统文化［M］．上海：上海交通大学出版社，2016.
[45] 沈小勇．核心价值建构视域下传统文化的产业化发展［J］．唯实（现代管理），2017（3）．
[46] 石晓蕾．文化产业化建设背景下文化遗产传承的空间策略［M］．北京：北京工业大学出版社，2019.
[47] 汤一介．中国传统文化的特质［M］．上海：上海教育出版社，2019.
[48] 田鹏飞．影视作品与传统文化元素［J］．中国报业，2019（1）．
[49] 田青刚，蒋又俊．大别山红色文化研究［M］．郑州：郑州大学出版社，2016.
[50] 汪珂永．中国传统武术文化与传承［M］．北京：光明日报出版社，2017.
[51] 王迪．传统文化与学校教育的深度融合［J］．参花，2020（4）．
[52] 王弟．地域文化融入社区教育的价值及其实现路径分析［J］．家庭生活指南，2019（4）．
[53] 王国成．传统武术文化传承与发展研究［M］．北京：华文出版社，2017.
[54] 王厚香，汲广运．沂蒙文化若干专题研究［M］．济南：山东人民出版社，2016.
[55] 王军辉．大学生革命文化教育的时代价值和实践路径探究［J］．文化创

新比较研究，2019，3（29）.
［56］王强，刘亚男．传统文化与影视创作相结合的途径探析［J］．参花，2015（8）.
［57］王庆丰，何柳泓，李正恩．传统武术文化与健身［M］．北京：中国商务出版社，2010.
［58］王瑞文，柳松，黄凤芝．中国传统文化概论［M］．北京：北京工业大学出版社，2019.
［59］王淑芬．传统文化与学校教育有机融合的途径探究［J］．课外语文，2019（13）.
［60］王颖峰，李红梅．井冈山红色音乐的文化承载与美育探索［M］．南昌：江西人民出版社，2019.
［61］魏本权，汲广运．沂蒙红色文化资源研究［M］．济南：山东人民出版社，2014.
［62］文尚卿，李梦星．井冈山精神与庐陵文化［M］．北京：国家行政学院出版社，2008.
［63］武俊清．浅谈传统武术文化传承发展的有效路径［J］．中华武术（研究），2019（12）.
［64］肖东发，方士华．瑰丽楚地 荆楚文化特色与形态［M］．北京：现代出版社，2015.
［65］薛瑞泽，徐金星，许智银．河洛文化的对外传播与交流［M］．郑州：河南人民出版社，2018.
［66］杨崇汇．河洛文化与华夏历史文明的传承及创新［M］．郑州：河南人民出版社，2018.
［67］杨静，赵国翔．论现代艺术设计与传统文化的关系［J］．长江丛刊，2018（33）.
［68］杨君君．博物馆社会教育功能与传统文化传承［J］．文艺生活（文海艺苑），2017（9）.
［69］余维祥．大别山特色文化资源利用研究［M］．武汉：湖北人民出版社，2016.
［70］曾鹿平，姚怀山．延安文化思想概论［M］．西安：陕西师范大学出版总社有限公司，2015.
［71］张锦高，袁朝．荆楚文化的现代价值［M］．武汉：崇文书局，2005.
［72］张珂．文化自信语境下大学生革命文化教育的价值与实现［J］．商情，2019（8）.

[73] 张维佳．地域文化与中国语言［M］．北京：商务印书馆，2014.

[74] 张文．传统文化遗产视野下艺术设计教育的传承与发展［M］．成都：电子科技大学出版社，2018.

[75] 张艳．地域文化校本化的价值［J］．新课程，2019（9）．

[76] 赵健．应用型高校开展地域文化教育的价值与方法［J］．教育评论，2018（10）．

[77] 郑大华，刘少虎，刘觅知，等．地域文化理论视域下的湖湘文化研究［M］．长沙：岳麓书社，2017.

[78] 郑大华，邵华．近代湖湘文化精神及其当代价值［M］．长沙：岳麓书社，2017.

[79] 周丽，王新影．大学生革命文化教育研究［J］．改革与开放，2020（C2）．

[80] 周敏之，许顺富，梁小进．近代湖湘文化与近代湘籍人才群体［M］．长沙：岳麓书社，2017.

[81] 周臻，黎莉，华雪春．中国传统文化［M］．北京：航空工业出版社，2015.

[82] 朱汉民．湖湘文化与巴蜀文化［M］．长沙：湖南大学出版社，2013.

[83] 朱晓卿．优秀传统文化对家庭教育的影响［J］．信息周刊，2019（20）．